실명의 이유:

휴대폰 만들다 눈먼 청년들 이야기

※ 이 도서의 국립중앙도서관 출판예정도서목록(CIP)은
서지정보유통지원시스템 홈페이지(http://seoji.nl.go.kr)와
국가자료공동목록시스템(http://www.nl.go.kr/kolisnet)에서 이용하실 수 있습니다.
(CIP제어번호: CIP2018003906)

실명의 이유

휴대폰 만들다 눈먼 청년들 이야기

선대식 지음

북콤마

| 저자의 말 |

이 책은 그들의 책이다

〈실명의 이유〉는 내 책이 아니다.

이 책은 이현순 · 방동근 · 이진희 · 양호남 · 전정훈 · 김영신의 책이다. 나는 그들이 겪은 삶의 변화를 기록했을 뿐이다. 이 책의 존재 이유는 그들의 삶을 세상에 알리는 것이다.

그들의 삶은 특별하다. 평범한 삶을 살았지만, 누군가의 돈벌이와 정부의 무관심 속에 시력을 잃었다. 일상으로 돌아오는 길은 험난하고, 어쩌면 예전의 일상으로 돌아올 수는 없을 것이다. 우리 사회는 그들을 피해자라며 불쌍히 여겼다.

하지만 그들의 이야기는 거기서 끝나지 않았다.

그들은 언론 인터뷰에서, 국회 기자회견장에서, 유엔인권이사회에서 자신을 드러내며 정부와 기업에 책임을 묻고 또 다른 피해자의 발생을 막아야 한다고 호소했다. 그러면서도 "더 도울 일이 없을까요?"라고 말했다. 나라면 그렇게 할 수 있을까. 그들의 용기에 가슴이 먹먹했다.

이 책은 분명 그들의 책이다. 이 책은 출간되고 몇 달 후 점자책으로 재탄생한다.

〈실명의 이유〉는 노동건강연대의 책이기도 하다. 피해자들 뒤에는 노동건강연대가 있다. 박혜영 · 전수경 · 정우준 활동가와 의사 · 노무사 등 회원들이 힘을 모았다. 이들이 없었다면, 피해자들의 삶은 지금처럼 특별하지 않았을지도 모른다. 이들이 없었다면, 우리는 메탄올 중독 실명 사건을 몰랐을 것이다.

앞으로 파견 노동이 사라지거나 일하다 다치는 사람이 없는 세상이 온다면, 그건 노동건강연대의 활동 덕분일 것이다. 많은 사람들이 이 책을 읽고 노동건강연대의 존재를 알게 되면 좋겠다. 이 책 인세의 상당 부분을 노동건강연대에 보내기로 했다. 얼마 안 되는 돈이지만, 그들의 활동에 조금이나마 도움이 됐으면 하는 마음에서다.

이 책을 세상에 내놓으면서 고마움을 전할 사람이 너무 많다는 걸 깨달았다. 반월 · 시화 · 남동공단 등지에서 파견노동자 권익 향상에 몸 바친 노동단체 사람들, 피해자들의 손해배상 청구소송을 돕고 있는 민변 변호사들, 국회의원의 권한을 피해자들을 위해 쓴 한정애 의원과 보좌관들, 그리고 불법파견·산업재해 문제 해결을 위해 힘쓰고 있는 모든 분들에게 존경과 감사의 말을 전하고 싶다.

책 출판을 맡은 북콤마 임후성 대표, 좋은 사진을 촬영한 민석기 작가 덕분에 좋은 책을 낼 수 있었음을 잘 안다. 〈오마이뉴스〉와 다음 스토리펀딩에 연재한 내 기사에 연대와 지지를 보내준 후원자와 독자들에게는 고맙다는 말을 아무리 많이 해도 지나치지 않을 것이다.

마지막으로 가족에게 미안함과 고마움을 전하고 싶다. 10년 넘게 기자 생활을 하고 있는데도 책을 쓰는 일은 무척 힘들었다. 이 책의 첫 번째 편집자이자 독자인 아내의 날카로운 비평이 없었다면, 이 책은 세상의 빛을 보지 못했을 것이다. 밖에서는 '육아빠'라며 으스대면서도, 지난 2년 동안 취재를 하고 기사를 쓰고 책을 낸다는 이유로 아이와 더 많은 시간을 보내지 못했다. 앞으로 아내와 아이에게 더 잘해야겠다.

먼 훗날 아이가 커서 이 책을 읽는 순간을 상상하면, 심장이 쿵쾅쿵쾅 뛴다. 아이가 이것만은 알아주면 좋겠다. 아빠가 네게 부끄럽지 않은 글을 쓰기 위해 노력했음을.

2018년 2월

선대식

일러두기

- 이 책에 실린 글의 많은 부분은 저자가 2016년과 2017년 〈오마이뉴스〉와 다음 스토리펀딩에 동시에 연재한 '불법파견 위장취업 보고서' '누가 청년의 눈을 멀게 했나' 기획기사와 관련 후속 보도를 재가공한 것이다.
- 이 책의 내용은 등장인물의 인터뷰는 물론, 메탄올 중독 실명 사건과 관련한 고용노동부 · 중부지방고용노동청 · 근로복지공단의 내부 자료, 중부지방고용노동청 · 검찰의 수사 자료, 법원 판결문과 재판 과정에서 나온 자료와 발언, 노동건강연대 기록, 이 사건을 다룬 논문 등을 바탕으로 했다.
- 본문에 쓴 나이는 취재 당시의 만 나이로 적었다. 등장인물이 세는 나이로 말한 것은 그대로 적었다.

| 차례 |

누가
청년의 눈을
멀게 했나

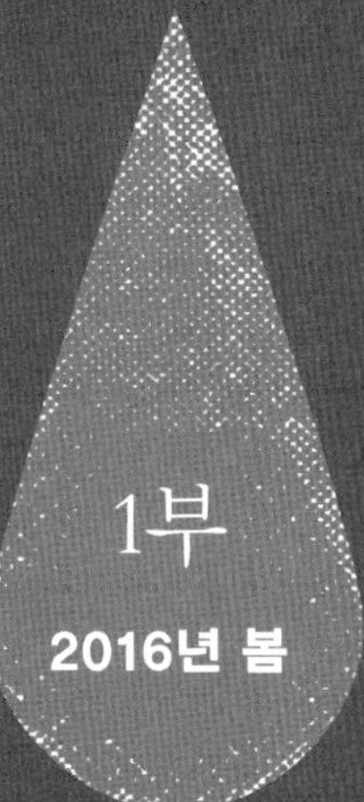
1부
2016년 봄

"나, 안 보인다고!"
응급실 분위기는 긴박하게 흘렀다.
혈액 투석을 받은 환자는 그날 밤
중환자실로 옮겨졌다.
젊은 여성, 호흡 곤란, 의식 혼미,
대사성 산증, 그리고 눈이 잘 보이
지 않는다는 호소….

01

응급실에 실려 온 여자

2016년 1월 16일 토요일

서울 하늘은 흐렸지만, 전날보다 포근한 날씨였다. 아침 텔레비전 뉴스에서는 나들이하기에 무난하다는 일기예보 진행자의 목소리가 흘러나왔다. 여유로운 주말이었다.

오후 3시 41분, 서울 이대 목동병원 응급실에 누군가 실려 왔다. 20대 여성이었다. 그녀는 숨을 제대로 쉬지 못했고, 눈이 잘 보이지 않는다고 말했다. 의식은 흐릿해지고 있었다. 응급의학과, 내과 전공의들이 그녀의 목에 튜브를 집어넣고 인공호흡기를 연결했다. 원인을 파악하려 했지만 쉽게 확인되지 않았다.

동맥혈가스 검사가 진행됐다. 곧 결과가 나왔다. 핏속에 산성

물질이 많이 늘어나는 대사성 산증이었다. 자칫 혼수상태로 이어질 수 있는 증상이다. 대사성 산증이 나타난 이유는 무엇일까. 그 답이 바로 그녀를 살릴 수 있는 열쇠였다. 내과 전공의들은 외부에서 심포지엄 발표를 하고 있던 류동열 신장내과 교수에게 전화해 환자의 상태를 알렸다. 류교수는 전공의들한테 혈액 투석을 지시했다. 그때 환자는 소리치며 의식을 잃었다.

"나, 안 보인다고!"

응급실 분위기는 긴박하게 흘렀다. 혈액 투석을 받은 환자는 그날 밤 중환자실에서 사투를 벌였다.

호흡 곤란, 의식 혼미, 대사성 산증, 그리고 눈이 잘 보이지 않는다는 호소….

류교수의 머릿속에 무언가 스쳤다.

'독성 물질 중독 가능성.'

대사성 산증과 시력 손상은 메틸알코올(메탄올) 중독의 대표적인 특성이다. 메탄올은 인체의 중추신경계와 시신경을 망가뜨리는 독성 물질이다. 고농도의 메탄올에 노출되면, 혼수상태에 빠지거나 목숨을 잃을 수 있다. 자기공명영상(MRI) 검사 결과도 독성 물질에 의한 뇌손상이 의심되는 것으로 나왔다.

메탄올 중독은 흔한 일이 아니다. 특히 젊은 여성이 메탄올에 중독되는 일은 더더욱 그렇다. 류교수는 그녀의 증상이 어쩌면 일터와 관련된 게 아닐까 하는 의심을 품었다. 류교수는 같은 병원 김현주 직업환경의학과 교수에게 도움을 요청하기로 했다.

• • •

같은 날 오후 3시 30분 인천 가천대 길병원 응급실에 한 남성이 실려 왔다. 의식은 혼미했고, 횡설수설했다. 앞이 뿌옇게 보인다고 했다. 동맥혈가스 검사를 하니, 대사성 산증이라는 결과가 나왔다.

1월 18일 월요일

협진 의뢰를 받은 김현주 교수가 의식이 돌아온 환자와 만났다. 환자의 이름은 이현순. 의식은 또렷하지 않았고, 말은 어눌했다. 현순씨에게 직접 물어 어떻게 메탄올에 노출됐는지 알아내야 했다. 김교수가 물었다.

"어떤 회사에 다녔어요?"

"ㄱㅓㄴ호ㅈㅓㄴㅈㅏ…."

"무슨 일을 했어요?"

"ㅎㅠㄷㅐㅍㅗㄴㅂㅓㅌㅡㄴ…."

김교수는 겨우 '건호전자' '휴대폰 버튼' 같은 단어를 알아들을 수 있었다. 현순씨에게 많은 질문을 던졌지만 알아들을 수 있는 말은 얼마 되지 않았다. 그녀가 말한 건호전자의 홈페이지를 살폈지만, 메탄올에 노출될 만한 공정을 찾을 수 없었다. 김교수는 류교수에게 연락했다.

"환자가 중독을 유발할 화학물질에 노출됐는지는 확인할 수 없어요. 다만 나중을 위해서 환자의 소변 검체를 냉동 보관해주세요."

류교수가 말했다.

"그런데 다른 사람은 괜찮을까요?"

퇴근길, 김교수의 머릿속에선 류교수의 말이 계속 맴돌았다. 고용노동부에 신고할까. 김교수는 주저했다. 지난 2003년의 기억이 떠올랐다. 당시 김교수는 두 사람이 동시에 원인 모를 폐질환으로 입원한 사실을 확인한 뒤, 노동청에 연락했다. 그때 노동청의 답변은 이랬다.

"직업병이 확실해지면, 다시 연락하세요."

1월 19일 화요일

밤새 고민을 거듭한 김교수는 출근길에 고용노동부 산업보건과 서기관에게 연락했다. 현순씨와 관련한 일을 알렸다.

1월 20일 수요일

김교수는 현순씨의 남편을 만났다. 현순씨의 남편은 그동안 회사 일 때문에 바빠, 면담을 할 수 없었다.

"아내가 다닌 곳은 YN테크예요. 맨날 알코올 냄새에 절어서 들어왔어요."

경기도 부천시에 있는 YN테크는 건호전자의 하청업체였다. 이들 업체에서 만드는 스마트폰 부품은 삼성전자 갤럭시 스마트폰에 쓰였다. YN테크에서 일하다 메탄올에 중독된 건 아닐까. 하지만 현순씨가 다니던 회사에서 메탄올을 확인하기 전까지는 메탄올 중독이라 단정할 수 없었다.

YN테크에 전화를 하거나 찾아가볼까. 하지만 오히려 아무것도 해결되지 않고 사업주가 흔적이나 자료를 은폐할 기회를 줄 수 있는 일이다. 김교수는 무력감을 느꼈다.

1월 21일 목요일

현순씨의 동갑내기 친구인 중국 동포 방동근 씨는 이날 오전 YN테크에서 밤샘 근무를 마치고 퇴근했다. 두통이 느껴졌지만 대수롭지 않게 여겼다. 잠을 잔 후 저녁에 눈을 떴는데 세상은 흑백으로 보였다. 피곤해서 그런 거겠지 하는 생각으로 다시 잠을 청했다. 출근 시각을 훌쩍 넘긴 자정에 다시 눈을 떴을 때, 흑백 세상은 그대로였다. 안구가 터질 것처럼 아팠다. 동근씨는 곧 가톨릭대 부천성모병원 응급실로 실려 갔다.

1월 22일 금요일

중부지방고용노동청 부천지청 근로감독관과 안전보건공단 부천지사 직원들이 현순씨가 다니던 YN테크를 찾았다. 앞서 김교수는 근로감독관에게 현순씨와 관련한 정보를 전달했다. 점검 결과는 좋지 않았다. 산업안전보건법을 위반한 내용이 수두룩했다.

산업안전보건법과 그 하위 법령인 '산업안전보건 기준에 관한

규칙'에 따르면, 메탄올은 관리 대상 유해물질이다. 관리 대상 유해물질을 다루는 곳에서는 노동자의 건강을 지키기 위해 각종 보건 조치를 취해야 한다. 하지만 YN테크에서는 제대로 지켜지고 있는 게 없었다.

파견노동자들은 컴퓨터수치제어(CNC) 공작기계[1]를 이용해 삼성 갤럭시 스마트폰에 들어가는 부품을 가공했다. 공작기계 내부에서 절삭공구가 알루미늄 부품을 가공할 때 메탄올이 쏟아져 나온다. 절삭 과정에서 발생하는 열을 식히고 매끄럽게 가공하기 위해서다.

하지만 공작기계 바로 위에서 메탄올 같은 유해물질을 빨아들여 외부로 배출하는 국소배기장치의 성능은 떨어졌다. 공기정화장치 없이 설치된 탓이다. 공장은 공작기계가 내뿜는 메탄올 증기로 그득했다. 회사는 파견노동자에게 외부의 깨끗한 공기를 공급하는 송기마스크나 보안경을 지급하지 않았고, 메탄올의 위험성도 알리지 않았다. 파견노동자들은 어떠한 보호복도 없이 메탄올을 기름통에 옮겨 담고, 이를 자신이 다루는 공작기계와 연결했다. 회사는 또한 별도의 장소를 마련해 메탄올을 보관하지 않았고, 각종 안전 교육이나 건강진단도 실시하지 않았다.

산업안전보건법을 위반한 내용이 많다는 건 그만큼 노동자들

---

1 내장된 컴퓨터로 절삭공구의 움직임을 설정할 수 있는 공작기계다. 스타트 버튼만 누르면 공작기계가 자동으로 작업을 수행하기 때문에, 숙련자가 아니더라도 컴퓨터수치제어 공작기계를 다룰 수 있다.

이 위험에 처해 있다는 뜻이다.

함께 나온 안전보건공단 부천지사 직원들이 공기 중 메탄올 농도를 검사했다. 며칠 뒤 나온 결과는 충격적이었다. 공장의 여러 장소에서 1130~2220피피엠의 메탄올이 검출됐다. 하루 8시간 평균 노출 기준(TWA)인 200피피엠의 11배가 넘었다.

근로감독관들은 YN테크 스마트폰 가공 작업 중지와 노동자 임시 건강진단 실시가 필요하다고 판단했다. 이들은 김교수에게 의견을 구했다. 김교수가 보기에, 현순씨는 YN테크에서 일하다 메탄올에 중독됐을 가능성이 매우 높아 보였다. 그렇지만 100퍼센트 확신할 수는 없었다. 김교수의 고민은 깊었다.

'작업을 중지시켰는데, 이곳에서 메탄올에 중독된 게 아니라면?'

누군가에게 막대한 손해를 입히고 법적인 문제가 생기는 일이다. 책임질 수 있을까. 김교수의 고민이 깊어졌다. 하지만 추가 피해자가 나오는 일만은 막아야 했다. 김교수는 근로감독관들에게 작업중지 명령이 필요하다는 의견을 전달했다.

1월 23일 토요일

노동청은 오전에 YN테크에 부분적으로 작업을 중지하고 메탄올을 다루는 노동자 19명 전원에게 임시 건강진단을 실시하라고 명령했다. 하지만 이미 때는 늦었다. 동근씨의 눈은 고농도의 메탄올에 중독되어 빛을 잃은 뒤였다.

1월 25일 월요일

김교수는 두 번째 피해자가 발생했다는 소식을 접했다. 첫 번째 피해자 현순씨의 동료였다. 김교수와 류교수의 우려는 현실이 됐다. 노동청이 조금만 일찍 나섰다면, 그의 실명은 분명 막을 수 있었다. 김교수는 괴로웠다. 하지만 괴롭다고 주저앉아 있을 시간이 없었다. 피해자가 한두 명에 그치지 않을지도 모른다. 김교수는 병원 직원들한테 말했다.

"당장 짐 싸세요!"

김교수팀은 노동청의 제안으로 YN테크를 비롯해, YN테크와 유사한 공정을 보유한 건호전자와 그 하청업체에서 일하는 노동자들의 건강을 진단하는 업무를 맡았다. 이날 고용노동부는 YN테크의 스마트폰 부품 가공 업무와 비슷한 일을 하는 8개 업체를 점검하기 시작했다.

...

1월 28일 목요일

김교수팀은 이날까지 YN테크를 비롯한 회사 네 곳의 노동자에 대한 건강진단을 마쳤다. 다행히 현순씨와 동근씨처럼 실명 위기에 처한 사람은 없었다. 피해자가 추가로 발생하는 것은 막을 수 있으리라고 생각했다. 퇴근 무렵, 노동청에서 한 통의 전화가 걸려왔다.

"덕용ENG라는 회사에서도 피해자가 발생한 것으로 나타났습니다."

김교수의 등줄기가 서늘해졌다. 피해자는 스물네 살의 양호남 씨로, 중국 동포였다. 한 달 전인 2015년 12월 30일에 쓰러졌는데, 이후 호남씨의 산업재해보상보험(산재보험) 요양급여 신청을 받은 근로복지공단이 노동청에 알리면서 김교수에게도 전달된 거였다. 벌써 세 번째 피해자다. 또 다른 회사에서도 메탄올 중독으로 시력을 잃은 노동자가 나왔다. 도대체 왜 지금 이런 일이 일어났을까. 실명 위기에 처한 피해자는 얼마나 더 있을까. 마치 재난 영화의 한 장면 같았다. 문제는 이 상황이 영화가 아니라 현실이라는 것이다.

• • •

1월 29일 금요일

청년들이 잇따라 실명 위기에 처한 일을 단순한 산업재해로 생각해도 될까. 김교수는 고개를 절레절레 흔들었다. 그날 오후 서울역 회의실에 직업환경의학회 소속 의사들과 노동건강연대 소속 노무사들을 불러 모았다. 이들에게 그동안 있었던 일을 전했다.

"피해자가 얼마나 있는지 모르겠어요."

김교수의 말에 참석자들은 모두 충격을 받았다. 노동건강연대 노무사들 역시 이 현실을 믿을 수 없었다. 학계에 보고된 '근무 중 메탄올 중독 실명' 사례는 모두 1960년대 이전의 일이다[2]. 2016년 선진국의 문턱에 다다랐다는 대한민국에서 어떻게 메탄올 중독 실명 사건이 일어날 수 있을까.

노무사들은 피해자들의 산재보험 요양급여 신청을 돕기로 했다. 회의가 끝난 후, 김교수는 택시를 타고 경기도 부천시 덕용ENG 공장으로 향했다. 양호남 씨의 시력을 앗아간 공장이다.

김교수가 공장에 들어갔더니 직원들이 빗질을 하며 열심히 청소하고 있었다. 바닥에는 알루미늄 가루가 쌓여 있었다.

노동청은 회사에 메탄올을 취급하는 노동자에게 임시 건강진단을 실시하라고 명령한 상황이었다. 간호사들이 밤샘 근무한 노동자들의 피를 뽑고 메탄올 농도를 측정하는 사이, 김교수는 덕용ENG의 실제 운영주인 조 모 씨를 만났다. 회사 대표는 조씨의 아내였지만, 회사를 실제로 운영한 이는 조씨였다.

"처음부터 메탄올을 썼습니다. 우리 가족을 보세요. 아들딸, 누나가 다 여기서 일해요. 다 멀쩡하잖아요. 양호남 씨가 일부러 죽으려고 마신 것 아닌가요? 어떻게 여기서 일하다가 실명하는 일이 가능한지 이해할 수 없어요."

김교수는 공장을 둘러보고 싶다는 의사를 전했다. 조씨는 경계심을 보였다.

"실태만 파악하러 온 것이니, 우리한테 주눅 들 필요 없어요."

---

2 이근탁, 이상윤, 박혜영, 강태선. 2017. '왜 21세기 한국 사업장에서 메탄올 중독 실명 사고가 발생했을까?' 〈한국산업보건학회지〉(제27권 제3호)

공장 구석에 파란색 드럼통과 액체를 옮겨 담는 용도의 기름통과 펌프가 있었다. 드럼통 안에는 메탄올이 가득했다.

2월 1일 월요일

고용노동부는 메탄올을 다루는 전국의 공장 3100여 곳을 대상으로 화학물질 관련 안전보건 관리 실태 전반에 대한 일제 점검을 시작했다.

02

벚꽃 날리던 날

김현주 교수가 연 서울역 회의에는 이곳에 머무르고 있는 박혜영 활동가가 있었다. 그녀는 2011년부터 노동건강연대에서 일했다. 자신의 노무사 자격증을 두고 우스갯소리로 '장롱 면허'라고 표현하지만, 그 누구보다 열정적인 활동가다.

노동건강연대는 1988년 서울올림픽이 열리기 직전 열다섯 살 소년 문송면 군이 서울 영등포 온도계 제조업체에서 일하다 수은 중독으로 숨진 이후 꾸려진 '노동과건강연구회'에 뿌리를 두고 있다. 2001년 현재의 이름으로 바뀐 뒤에는 주로 비정규직 · 알바 · 여성 · 이주노동자의 건강과 안전을 지키는 활동을 벌였다. 최근에는 조선소 하청노동자를 위한 활동에 힘을 쏟았다. 조선소에서는 하청노동자들이 죽어나가고 있었다.

박활동가는 김교수로부터 메탄올 중독 실명 사건을 접한 이후 한동안 믿을 수 없다는 말을 입에 달고 다녔다. 포털 사이트에서 '죽음'을 검색하며 하루를 시작하고 하루 종일 노동자의 죽음을 생각하는 박활동가에게도 잇따른 청년들의 실명은 비현실적으로 느껴졌다.

박활동가는 이 사건을 세상에 알려야겠다고 생각했다. 피재자가 산재보험 혜택을 받는 것으로 이 사건이 조용히 마무리된다면, 메탄올 중독으로 시력을 잃는 노동자는 언제든지 다시 나타날 수 있다. 하던 일을 모두 중단하고, 이 일에 매달렸다. 박활동가는 잠시 노동건강연대를 떠나 4 · 16세월호참사 특별조사위원회에서 일하던 전수경 활동가와 머리를 맞댔다. 전수경 활동가는 2001년 노동건강연대 창립 때부터 함께한 산업재해 전문가다.

박활동가는 디데이를 정하고, 차근차근 준비했다.

메탄올은 정부에서 정한 유해물질이다. 정부는 산업안전보건법, 화학물질관리법, 위험물안전관리법 등으로 메탄올을 엄격히 관리하고 있다. 그런데 영세 업체도 아니고, 우리나라가 자랑하는 초일류 글로벌 기업인 삼성전자의 여러 하청업체에서 일한 파견노동자가 메탄올에 중독됐다.

어디서부터 잘못됐을까. 박활동가는 퍼즐 조각을 맞췄다. 곧 피해자들의 공통점을 발견했다. 그들은 파견노동자였다. 그것도 불법 파견이었다. 파견근로자보호 등에 관한 법률(파견법) 제5조는 출산 · 질병 · 부상 등으로 결원이 생겼거나 일시적 · 간헐적으로 인력을 확보해야 하는 특별한 경우를 제외하면, 제조업 직접생산 공정 업무에서 파견노동자 사용을 금지하고 있다. 쉽게 말해, 제조업 공장에서 상시적 업무에 파견노동자를 투입하는 것은 명백한 불법이다.

하지만 시력을 잃은 청년들이 공통으로 한 일이 스마트폰 부품을 만드는 일이었다.

파견노동자가 없으면 많은 공장은 돌아가지 않는다. 파견노동자로 공장을 돌리는 사용사업주는 파견 업체(파견사업주)를 통해 최저임금을 받는 파견노동자를 언제든 채용하거나 해고할 수 있다. 여기에 고용주로서의 책임과 의무를 회피할 수 있으니, 파견노동자를 사용하지 않을 이유가 없다. 제조업 파견은 불법이기는 하지만, 법은 무력하다.

사용사업주는 파견노동자의 안전에 관심이 없다. 파견사업주 역시 수수료를 챙길 뿐, 안전 문제는 사용사업주에 떠넘긴다. 바로 그 사각지대에서 메탄올 중독 실명 사건이 발생한 것이다.

파견 노동은 대기업 하청 문제와 함께 메탄올 중독 실명 사건의 근본적인 원인인 셈이다. 그렇다면 수많은 파견노동자가 위험한 상황에 놓여 있다고 볼 수 있다.

박혜영 활동가는 파견 노동의 현실을 알리고 바꾸겠다고 마음먹었다. 쉽지 않은 싸움이 될 것이라는 걸 누구보다 잘 알고 있었다. 대통령이 나서서 파견 확대를 부르짖고 있었다. 이 또한 비현실적이었다. 파견노동자들이 시력을 잃고 쓰러지고 있는데, 이 나라의 대통령과 정부, 여당은 파견 확대에 힘을 쏟았다.

···

박근혜 대통령은 2월 3일 경기도 안산·시흥시에 걸쳐 있는 반월·시화국가산업단지[3]를 찾았다. 파견 확대를 주요 내용으로 하는 파견법 개정안이 야당의 반대로 국회에 계류 중이었다. 대통령은 기업인들 앞에서 말했다.

"중소기업 하는 분들은 애국자인데, 이렇게 피눈물 나게 하는 게 맞는 일입니까."

동행한 함진규, 김명연 새누리당(현 자유한국당) 국회의원에게 당부했다.

"두 분이 가셔서 오늘 열심히 보고 전달을 하시고, 피를 토하면서 연설을 하세요."

두 의원은 진짜로 연설했다. 오후에 열린 국회 본회의에서 5분 자유발언 시간을 이용해 대통령의 주문을 이행했다. 피를 토했는지는 모르겠지만 힘을 쏟아 파견법 개정안을 통과시켜야 한다고 호소했다.

---

3 한국산업단지공단은 안산·시흥시와 협의해, 2011년 반월·시화국가산업단지의 이름을 안산·시흥스마트허브로 바꾸었다. 하지만 이곳에서 일하는 노동자들은 이 지역을 반월·시화공단으로 부른다.

• • •

같은 날 중부지방고용노동청 근로감독관과 안전보건공단 직원들은 인천 남동공단에 있는 BK테크를 찾았다. 현순씨를 비롯해 피해자 3명이 발생한 이후 고용노동부가 메탄올을 취급하는 업체를 점검하는 상황이었다. 근로감독관들은 BK테크 대표 안 모 씨에게 메탄올 중독 실명 사건이 발생했다고 알렸고, 메탄올을 사용하지 말라고 했다. 안씨는 사건을 잘 알고 있으니 에탄올만 쓰겠다고 답했다. 에탄올은 메탄올에 비해 가격은 3~4배 비싸고 독성은 약하다. 근로감독관들은 곧 돌아갔다[4]. 이들은 공장 옥상에 숨겨져 있던 메탄올을 발견하지 못했다. 안씨가 메탄올을 숨겨 놓지 않았다면 그리고 근로감독관들이 메탄올을 발견했다면, 그 뒤의 비극은 막을 수 있지 않았을까.

• • •

2월 4일 고용노동부는 메탄올 중독 실명 사건이 일어났다며 보도자료를 냈다. 노동건강연대가 언론 보도를 준비하고 있었는데, 어찌된 영문인지 고용노동부가 그날 저녁 급히 움직였다.

---

4 안씨는 2017년 11월 23일 메탄올 중독 실명 사건 피해자들의 손해배상 청구소송 재판에서 당시 근로감독관들이 BK테크 공장을 둘러본 시간을 두고 "5~10분"이라고 증언했다. 해당 근로감독관은 2018년 1월 9일 저자와 통화하면서 "BK테크는 당시 이전 작업이 진행되고 있었기 때문에 평소 점검하는 것처럼 긴 시간 동안 있지 않았지만, (안씨가) 주장하는 바는 맞지 않고요. 면담 시간만 10분 이상은 되는데, 사업장을 둘러보면 더 되죠"라고 말했다.

보도자료는 노동자들이 메틸알코올 중독으로 시력 손상을 입은 사고가 일어났고, 고용노동부가 해당 업체에 전면 작업중지 명령을 내리고 집중 감독을 실시하고 있다는 내용이었다. 하지만 보도자료 그 어디에도 피해자들 모두 불법 파견으로 삼성전자 하청업체에서 일한 파견노동자라는 사실은 없었다. 언론은 보도자료를 그대로 기사로 옮겨 세상에 알렸다.

박혜영 활동가는 보도자료와 기사를 찾아봤다. 메탄올 중독 실명 사건이 짧은 산업재해 기사로 처리됐다. 불법 파견, 대기업 하청 문제 등이 해결되지 않으면, 피해자는 언제든 다시 나타날 수 있다.

노동건강연대는 내부 회의를 거쳐 긴급히 성명을 냈다.

'20대 노동자가 화학물질 중독으로 하루아침에 시력을 잃게 된 사건이 GDP 규모 세계 11위, 대한민국에서 일어났다. 이 사건은 불법으로 파견된 노동자에게 발생한 사건이라는 점, 삼성전자의 하청업체에서 발생한 사건이라는 점, 고전적 유해물질인 메탄올을 취급하는 사업장에서 발생했다는 점 등에 비춰볼 때, 현재 한국의 노동자 생명 및 건강 문제뿐 아니라 고용 문제의 일단을 보여주는 징후적 사건 혹은 적신호 사건(sentinel event)이다.'

...

2월 5일 현순씨와 동근씨는 노동건강연대 회원인 권동희 노무

사를 통해 근로복지공단에 산재보험 요양급여를 신청했다. 호남씨도 직접 선임한 노무사를 통해 요양급여를 신청했다. 근로복지공단은 10여 일 뒤 모두 산재로 인정해, 세 사람에게 급여를 지급하기 시작했다. 사실 산재보험 요양급여를 받는 일은 쉬운 일이 아니다. 신청부터 승인까지 몇 개월 또는 몇 년 걸리거나, 승인이 안 돼 당사자가 법원에 소송을 제기하는 경우가 적지 않다. 하지만 메탄올 중독 실명 사건의 피해자들은 이례적으로 신속한 승인을 받았다.

근로복지공단이 객관적인 조사와 판단으로 신속히 산재를 인정한 것일까, 아니면 박근혜 정부의 파견 확대 움직임 속에서 사건의 파장이 커지는 것을 막기 위해 공단이 서둘러 승인한 것일까.

• • •

2월 17일 밤 119 상황실에 신고가 접수됐다. 인천 부평구청역 인근 원룸 오피스텔에서 20대 여성이 의식을 잃었다는 내용이었다. 구급차는 그녀를 가까운 병원으로 옮겼다. "우리 병원에서는 할 수 있는 일이 없습니다." 이 여성은 다시 순천향대 부천병원으로 옮겨졌다. 그녀의 이름은 이진희. 스물여덟 살이었다.

병원 쪽은 경남 함안에 있는 진희씨의 부모님에게 전화했다. 자정이 넘은 때였다. '032'로 시작하는 낯선 전화번호를 보고 아버지는 잠결에 전화를 받았다. 병원이라는 얘기에 눈이 번쩍 뜨였다. 딸은 중환자실로 옮겨서 핏속의 불순물을 빼는 투석을 해야 한다고 했다. 아버지는 무슨 말인지 이해할 수 없었다. 다만 딸이 죽을 수도 있다는 위급한 상황이라는 것만 알아들었다.

진희씨의 부모님이 병원에 도착했을 때, 딸은 몸에 온갖 장치를 꽂고 식물인간처럼 누워 있었다. 이유를 물어봐도 아는 사람이 없었다. 의사는 뇌 손상으로 영구적인 장애가 남을 거라고 했다. 부부는 눈물만 쏟았다.

···

순천향대 부천병원 전공의는 진희씨를 치료하던 중 메탄올 중독 실명 사건을 다룬 뉴스를 접했고, 2월 22일 메탄올 검사 방법을 문의하기 위해 안전보건공단에 전화했다. 이후 안전보건공단이 고용노동부에 이 사실을 알리면서 네 번째 피해자의 존재가 드러났다.

···

2월 23일 오전 10시 이기권 고용노동부 장관은 정부세종청사에서 기자회견을 열었다. 박근혜 정부가 노동개혁이라 부르는 파견법 · 근로기준법 · 고용보험법 · 산업재해보상보험법 개정안의 국회 통과를 호소하기 위한 자리였다. 특히 그는 파견 확대를 내용으로 하는 파견법 개정안을 강조했다.

"지난번에 안산에 가서 50대 초반의 우리 가장 근로자가 '2008년도 금융 위기 이후에 자기는 이렇게 단기간 파견으로 또는 임시 일용으로 일하다 보니까 퇴직금을 한 번도 받지 못했습니다. 저는 왜 퇴직금을 받을 수 없습니까?' 그 말을 들을 때 정말 목이 멨습니다. 그래서…."

눈시울이 붉어진 이기권 장관은 울먹이며 말을 잇지 못했다. 가까스로 호흡을 가다듬었다.

"'정부가 제대로 일을 못 해주고 있구나'라고 반성이 돼서 달리 말을 못 해주고 어깨만 감싸주었습니다."

한 기자가 물었다.

"쟁점이 되는 파견법을 빼고 나머지 3개 법안이라도 먼저 통과시키자고 얘기를 해야 하는 것 아닙니까?"

장관은 반문했다.

"현장의 가장 절박한 우리 근로자들이 파견법을 반대하고 있다면, 지금 말씀하신 사항이 일리가 있습니다. 그러나 가장 절박한 현장의 우리 근로자들은 절박하게 원하고 있고, 어려울수록 더 크게 원하고 있지 않습니까?"

장관은 정말 파견노동자들이 파견 확대를 원한다고 생각했던 것일까. 혹시 젊은 파견노동자들이 불법 파견 공장에서 잇따라 시력을 잃은 사실은 보고받지 않았을까, 아니면 외면하는 걸까.

같은 날 중부지방고용노동청 근로감독관과 안전보건공단 직원들이 진희씨가 일한 BK테크를 찾았다. 확인해보니, BK테크는 1월 말부터 2월 초까지 이전 공사를 했다. 2월 11일부터 공장을 돌렸고, 13일 저녁 에탄올이 떨어지자 보관하고 있던 메탄올을 쓴 사실이 드러났다. 이날 노동청은 BK테크를 두고 산업재해가 발생할 급박한 위험이 있는 경우에 해당한다며 전면 작업중지 명령을 내렸다.

25일 고용노동부는 기자들에게 보도자료를 뿌려 진희씨의 사고 소식을 알렸다. 이번 자료에도 불법 파견이라는 단어는 없었다.

박혜영 활동가는 새로운 피해자가 나타났다는 소식에 충격을 받았다. 다른 피해자들도 마찬가지였다. 특히 현순씨가 그랬다. 그때 박활동가의 휴대전화는 쉴 새 없이 벨소리가 울렸다. 박활동가는 하루 대여섯 시간씩 기자와 통화하는 것도 모자라, 직접 찾아오는 기자들도 상대해야 했다. 많은 기자가 피해자 인터뷰가 가능한지 물어왔다. 그때마다 어렵다고 답했다. 현순씨와 동근씨는 시력을 잃은 자신의 모습을 사람들에게 보여주고 싶지 않았다.

박활동가가 전화로 현순씨에게 네 번째 피해자가 있다는 사실을 알리자, 현순씨는 씩씩거렸다.

"언니, 피해자가 또 나왔다는 게 말이나 되는 거예요?"

전화를 끊을 때쯤 현순씨가 말했다.

"인터뷰하면, 더 추가 피해자는 없는 거죠?"

"그건 장담은 못 하지만, 할 수 있는 데까지 해보는 거지."

"그럼 인터뷰할게요…."

두 사람은 서로 휴대전화를 붙들고 30분 넘게 울었다.

• • •

3월 10일 메탄올 중독 실명 사건에 대한 정부 대책이 처음 나왔다. 이기권 고용노동부 장관은 오전 10시 40분 정부서울청사 합동브리핑실로 들어섰다. '노동시장 이중구조 개선 및 상생고용촉진 대책'을 발표하면서 메탄올 중독 실명 사건을 언급했다.

"최근 핸드폰 부품 업체 메틸알코올 중독 사고 발생시에 제가 원청의 양 사 두 대표를 불러서 1차 협력업체를 지도하고, 1차 협력업체가 2차 · 3차 협력업체를 지도토록 해서 그 효과가 지금 진행되고 있어서 나름의 효과가 있다고 우리들은 판단되고 있습니다."

장관은 이어 불법 파견을 언급했다.

"불합리한 제도로 인해 불법 파견 문제를 단속 등으로 푸는 데는 한계가 있으므로, 2년간의 안정된 파견은 허용하는 등의 제도 개선 합리화가 필요합니다."

메탄올 중독 실명 사건이 일어난 것도 비현실적이었지만, 정부 대책이 불법 파견 확대인 것은 더욱 비현실적이었다.

• • •

박혜영 활동가는 지금까지 만난 노무사나 변호사와는 매우 달랐다. 박활동가는 피해자들의 삶으로 깊숙이 들어갔다. 산재보험 요양급여 신청을 돕는 노무사 역할을 넘어, 피해자들과 언니 동생 사이가 됐다.

그 때문에 박활동가는 노동건강연대에서 곧잘 핀잔을 받는다. 피해자의 삶에 너무 깊숙이 들어가면, 박활동가가 정서적으로, 업무적으로 힘들어지는 탓이다. 실제로 박활동가는 눈물이 많다. 피해자들과 통화하거나 만날 때마다 눈물을 쏟는다. 그렇지만 이는 박활동가가 가진 큰 힘이기도 하다. 피해자들이 현실을 받아들이고 용기를 얻는 데에는 박활동가의 도움이 컸다.

박활동가는 네 번째 피해자인 진희씨를 만나기로 했다. 현순씨는 박활동가에게 자신도 데려가달라고 부탁했다. 현순씨의 시력은 암흑만 보이던 처음보다는 조금 회복된 상태였다.

"진희씨한테 얘기해주고 싶어요. 나을 수 있다고요."

4월 2일 토요일 오후 2시 박활동가와 현순씨는 순천향대 부천병원으로 향했다. 박활동가는 진희씨 가족 연락처를 알지 못해 무작정 병원을 찾은 거였다. 문전 박대를 당하면 어떡하나 걱정을 했지만, 다행히 진희씨는 모습을 드러냈다. 진희씨는 앞을 볼 수 없었고, 뇌를 다쳐 의지대로 말과 행동을 할 수 없었다.

두 사람은 나란히 앉아 창밖을 바라보면서 이야기를 나눴다. 현순씨는 창밖 풍경이 오후 6시의 어스레한 저녁 시간 때처럼 보인다고 말했고, 진희씨는 빛이 물러간 밤 9시의 세상으로 보인다며

2016년 4월 2일 이진희 씨와 이현순 씨가 나란히 앉아 창밖을 바라보면서 이야기를 나누고 있다. 사진 박혜영

말을 받았다. 그땐 봄날 맑은 하늘에서 햇빛이 가장 강하게 쏟아지는 시간이었다.

현순씨는 진희씨의 손을 꼭 잡고 위로했다.

"나는 약 먹고 치료받으니까 좋아졌어. 너도 나을 수 있을 거야. 혀가 마비돼서 말을 못 할 텐데, 연습을 많이 해야 해. 그리고 많이 웃고, 잘 먹어야 해."

진희씨는 하염없이 눈물만 흘렸다.

창문 밖에는 벚꽃이 흐드러지게 피어 있었고, 바람이 불자 벚꽃이 날렸다.

"밖에 벚꽃이 많이 피었네. 내년에 우리 다 나으면, 벚꽃 보러 가자."

"어떻게…?"

"내가 있으니까 걱정하지 마."

진희씨는 고개를 끄덕였다. 처음으로 '나도 나을 수 있겠네' 하는 생각을 했다. 그 뒤 진희씨는 많이 바뀌었다. 그때부터 말을 많이 하려고 했고 더 자주 웃으려고 노력했다. 훗날 진희씨는 재활치료에 적극적으로 임했고, 몸이 많이 좋아졌다. 언젠가 진희씨는 현순씨에게 말했다. "부모님이 출생신고를 늦게 해서 그런데, 나는 너보다 언니야."

박활동가는 페이스북에 그날의 만남을 이렇게 적었다.

'아직 자신도 중독 증세를 이겨내고 있는 중이면서도(그녀의 시신경은 말라가는 중이다) 그녀는 마지막 피해자에게 끊임없이 용기를 주었다. 비슷한 아픔을 겪어낸 그녀는, 앞으로 어떨 거다, 자기도 그랬다, 씩씩하게 따듯하게 알려줬다. 우리는 청춘이니까 나을 수 있다고 셋이 손을 꼭 잡았다. 마지막 피해자는, 너무도 울었다.

1988년, 노동건강연대가 수은 중독에 걸린 15살 소년의 사망을 계기로 문을 열던 때, 그녀들이 세상에 태어났다고 했다. 2016년에도 여전히 위험해, 메탄올 중독으로 우리가 만나게 될 줄은 몰랐다. 우리 단체가 수월히 없어지는 날이 올까?'

· · ·

세상이 햇살을 담뿍 받기 시작한 5월의 봄날, 박활동가는 현순씨의 집을 찾았다. 이윤엽 판화가의 판화를 선물로 준비했다. 원더우먼 같은 느낌으로 힘차게 팔을 뻗고 있는 여자의 모습이 담겼다. 씩씩한 현순씨와 닮았다. 이윤엽 판화가는 현순씨 얘기를 듣고는 메시지를 적었다.

'펄펄, 환하게!'

현순씨는 판화를 무척 맘에 들어 했다. 그녀는 곧 누군가를 떠올렸다. 동근씨였다. 절친한 동갑내기 직장 동료였고, 지금은 같은 메탄올 중독 실명 피해자인 그다. 일주일 뒤, 현순씨와 박활동가는 동근씨를 찾았다. 그날 동근씨 집에는 웃음소리가 끊이지 않았다.

봄날이 서서히 저물어가던 5월 28일 토요일 오후 5시 57분 서울 지하철 2호선 구의역에서 홀로 강변역 방면 9-4번 승강장 안전문을 수리하던 18세 김군이 열차에 치였다. 144만 원의 월급을 받던 용역업체 소속 비정규직 노동자는 그렇게 숨졌다. 생일 하루 전날이었다. 그의 가방에선 컵라면, 숟가락, 나무젓가락이 나왔다. 누군가 김군이 숨진 곳에 포스트잇을 붙이고 국화를 놓았다. 한 사람이 여러 사람이 되고, 이어 추모 행렬이 이어졌다. 여기엔 현순씨도 있었다. 그녀는 박활동가에게 연락했다. 이것밖에 해줄 게 없어 미안하다며 추모 메시지를 불렀다. 박활동가가 구의역 9-4번 승강장 안전문에 포스트잇을 붙였다.

'좋은 곳으로 가세요. 좋은 기억만 가지고. 하늘에서는 좋은 일만 있을 거예요. 대한민국에서 더 이상 이런 일 없도록 노력하겠습니다.—메탄올 중독 실명 피해자 드림'

· · ·

4월 3일 MBC '시사매거진 2580'에 진희씨와 현순씨가 나왔다. 또 다른 피해자를 막아야 한다는 생각에 두 사람이 용기를 낸 것이다. 방송을 보던 누군가가 트위터에 글을 올렸다.

'2580에 나오는 메탄올 중독 환자 우리 병동에도 있음. 삼성전자 하청업체.'

이 글이 우연히도 박활동가의 눈에 들어왔다. 아니, 우연은 아니었다. 박활동가는 매일 포털 사이트와 사회관계망서비스(SNS)

에서 '메탄올'을 검색했으니까. 혹시 새로운 피해자가 있을지도 모를 일이었다. 박활동가는 바로 메시지를 보냈다. 우선 자신이 메탄올 중독 실명 피해자를 지원하는 단체의 활동가임을 밝혔다. "어떤 분인지, 어떤 상태인지, 언론에 밝혀진 피해자가 아닌 다른 분인지 알려주시면 감사하겠습니다."

곧 답이 왔다. 한 병원의 간호사였고, 환자가 20대 초반의 중국 출신 남자라고 알려왔다.

"현재 양안에 시력 손상이 심하고 대소변을 자가로 보기 힘들어 야간엔 기스모(남성용 소변받이 장치)랑 기저귀 하고 지내고요. 연하(삼키기) 곤란도 보입니다. 도와주시면 감사하죠. 젊다 못해 어린 사람을 그렇게 만들어놓았으니."

간호사가 말한 사람은 양호남 씨였다. 4명의 피해자 가운데 유일하게 연락이 안 되는 사람이었다. 며칠 뒤 간호사는 호남씨 상태가 좋지 않다며 안타까움을 전했다.

"그저께는 재활 치료 하러 가다 엘리베이터 안에서 실변해서 다시 왔더라고요. 안타까워요. 그래도 다행이네요. 노동건강연대라는 단체가 있는지 몰랐어요. 안타까운 분들을 위해 수고해주시니 감사하네요."

박활동가는 당장 호남씨를 만나고 싶었지만, 움직이기 어려웠다. 업무 과중과 그에 따른 스트레스로 몸 상태가 정상이 아니었다. 오른쪽 다리가 욱신거렸다. 처음엔 일주일에 한 번씩 한의원에 갔다. 그 뒤에는 오른쪽 다리 전체에 무리가 왔다. 한의원에서

침과 주사를 맞지 않으면 걷기 힘들었다.

6월 30일 박활동가는 호남씨가 있는 요양병원을 찾았다. 호남씨가 조금은 더 편안함을 느낄 수 있도록 중국어를 잘하는 친구를 데려갔다. 호남씨는 시력을 잃었을 뿐 아니라 뇌도 크게 다쳤다. 신경질적으로 변했다. 가족과 간병인이 감당하기 어려웠다.

호남씨의 나이는 겨우 스물다섯. 고향을 떠나 한국에서 일하다 삶이 망가졌다. 그 누구도 이런 현실을 받아들이기 어려울 것이다. 박활동가는 호남씨를 만나, 같은 중국 동포인 동근씨를 비롯해 다른 피해자들의 상황을 전했다.

"힘들 때나 궁금한 게 있으면 언제든지 노동건강연대에 연락해요."

호남씨는 생글생글 웃기만 했다.

03

왜 제 친구만 다쳤어요?

9월 30일 오후 권동희 노무사가 기아자동차 화성공장을 찾았다. 한 달에 한 번 있는 금속노조 기아자동차지부 화성지회 조합원들을 상담하는 날이었다. 한 조합원이 상담하러 왔다. 처조카 얘기를 꺼냈다. 그 조합원은 스물여덟 살의 처조카가 사고를 당해 오른쪽 눈은 완전히 실명됐고, 왼쪽 눈은 시력의 10퍼센트만 남았다고 했다.

"처조카가 2015년 2월쯤에 사고가 났는데, 덕용ENG라는 회사에서 근무했어요."

권동희 노무사는 깜짝 놀랐다. 덕용ENG는 호남씨가 시력을 잃은 공장이다. 메탄올 중독으로 실명한 피해자가 한 명 더 나타난 것일까. 처조카가 시력을 잃은 것은 2015년 2월이다. 그때까지 나온 피해자 4명은 2015년 12월부터 2016년 2월까지 3개월 동안 쓰러졌다. 새로운 피해자가 나타난 게 맞다면 피해자 발생 기간은 대폭 늘어난다. 피해자는 얼마나 더 있을까. 상담이 끝난 후, 권노무사는 바로 김현주 교수와 박혜영 활동가에게 연락했다.

가을이 되자, 메탄올 실명 사건은 뭇 사람들의 뇌리에서 잊혔다. 박활동가는 천천히 이 사건을 정리해 기록으로 남기자는 마음을 먹고 있었다. 그때 권동희 노무사의 연락을 받고, 충격에서 쉽게 벗어나지 못했다.

박활동가는 바로 다음날 부천역 앞 카페에서 피해자와 가족을 만났다. 이름은 김영신. 그는 혼자 걸어서 카페에 들어왔다. 박활동가의 눈에 영신씨는 시력을 잃은 사람으로 보이지 않았다. 그는 대화할 때도 박활동가를 똑바로 바라보았다. 박활동가는 의아해하며 물었다.

"피해자는 왜 안 오시고…."

영신씨는 2015년 2월 2일 쓰러졌다. 시력을 상당 부분 잃은 후, 사람 눈을 쳐다보는 연습을 했다고 했다.

"왼쪽 눈 가장자리로만 앞을 볼 수가 있거든요. 그래서 처음에는 곁눈으로 사람을 봤어요. 그런데 그 모습이 부끄러워서, 사람 눈을 똑바로 보는 연습을 했어요."

영신씨는 담담한 목소리로 자신이 겪은 일을 꺼냈다. 그는 덕용ENG에서 공작기계를 사용해 스마트폰 알루미늄 부품을 가공하는 일을 했다. 똑같았다, 다른 피해자들과. 박활동가는 다른 피해자 이야기를 건넸다.

영신씨는 1년 8개월 만에 메탄올 때문에 시력을 잃었다는 사실을 알았다. 어머니와 이모는 소리 없이 눈물만 흘렸다. 영신씨는 그동안 이유도 모른 채 시력을 잃고 모든 걸 체념한 채로 보낸 시간을 떠올렸다.

· · ·

영신씨를 만나고 사흘이 지난 10월 4일, 인천의 노동자 건강권 단체 활동가가 박활동가에게 연락을 해왔다. 인천 남동공단의 BK테크에서 일하다 시력을 잃은 피해자가 있다고 했다. BK테크는 진희씨가 일한 곳이다.

박활동가는 이튿날 인천에 있는 그의 집을 찾아갔다. 그의 이름은 전정훈. 나이는 서른넷이었다. 그는 1월 16일 쓰러졌다. 현순씨와 같은 날 쓰러졌고, 같은 회사를 다닌 진희씨보다는 한 달 앞선 것이다. 현순씨와 진희씨의 사고는 일찍 세상에 알려졌다. 두 사람은 박활동가를 만나 도움을 받을 수 있었다. 하지만 정훈씨는 홀로 실명이라는 현실을 받아들여야 했다. 얼마나 힘들었을까.

대화하니, 정훈씨 역시 메탄올에 중독됐을 가능성이 매우 컸다. 그 역시 공작기계를 사용해 스마트폰 부품을 가공했다. 특히 BK테크 대표 안씨가 메탄올을 사용해 진희씨의 시력을 앗아간 점을 감안하면, 정훈씨가 일할 때도 BK테크 공장은 메탄올로 그득했을 것이다.

그날 밤 박활동가의 귀에는 고용노동부가 메탄올 추가 피해자가 발생했다는 내용의 보도자료를 낼 것이라는 얘기가 들렸다. 그렇게 되면 고용노동부는 이번에도 자신들에게 불리한 내용을 숨길 게 뻔했다. 박활동가는 영신씨와 정훈씨의 동의를 받고, 바로 보도자료를 작성했다. 기자들에게 문자메시지로 자료를 뿌렸다. 밤 11시 32분이었다.

'그간 고용노동부의 대응 및 조사가 부실했다는 반증. 추가 환자들이 광범위하게 존재할 가능성을 시사.'

그날 늦은 밤과 이튿날 오전에 여러 언론사에서 기사가 나왔다. 박활동가는 오전 일찍 반갑지 않은 전화 한 통을 받았다. 그는 자신을 덕용ENG 이사라고 소개하며 따졌다.

"보도자료를 보니까 피해자 이름이 없던데요. 피해자 이름을 왜 안 알려줍니까. 그 사람이 우리 회사에서 일한 적 없다고 하면, 어떻게 할 겁니까. 이제 막 잘 정리하고 있는 상황이에요. 1월에 사건이 나고 얼마나 피해를 봤는지 알아요?"

박활동가가 응수했다.

"마음대로 하세요."

• • •

박활동가는 며칠 뒤 영신씨와 정훈씨의 산재보험 요양급여 신청을 위해 두 사람을 만났다. 영신씨를 만나는 자리에 그와 함께 일한 친구도 동행했다. 친구는 박활동가에게 대뜸 질문을 던졌다.

"왜 애만 다쳤어요?"

친구는 지금까지 마음속으로 이 질문을 수백 번은 했을 것이다. 자신은 다치지 않았다는 사실에 많이 괴로워했다. 박활동가는 말했다.

"누구의 잘못도 아니에요. 누가 피해를 당할지 선택할 수 있는 문제가 아니잖아요. 직업병이란 그런 거예요. 마음은 아프겠지만 너무 미안해할 필요는 없어요."

두 사람은 10월 12일 근로복지공단에 산재보험 요양급여 신청서를 냈다. 정훈씨는 이틀 뒤에, 영신 씨는 닷새 뒤에 승인 통보를 받았다.

이번에도 일사천리였다. 인과관계가 명확해서 그랬을까. 아니면, 문제의 소지를 키우지 않으려고 했던 것일까. 이번 피해자 발생으로, 정부가 피해자 조사를 비롯해 제대로 된 대응을 하지 못했다는 비판이 나왔다. 근로복지공단이 피해자의 산재보험 요양급여 신청을 반려하면, 더 큰 논란으로 이어졌을 것이다. 정부로서는 상상하고 싶지 않은 일이다. 특히 이때는 신문과 뉴스에 최순실 관련 의혹이 쏟아져 나오던 때였다.

노동청은 정훈씨와 영신씨의 눈을 앗아간 가해자들을 법정에 세우기 위해 노력했다. 노동경찰인 근로감독관들은 피해자와 가해자를 조사한 뒤 검찰에 사건을 넘겼다. 하지만 그 과정은 허술했다. 앞을 거의 볼 수 없는 두 사람은 문자메시지로 피해자 조사 출석 통보를 받았다.

···

박혜영 활동가는 영신씨와 정훈씨에게 갑작스럽고도 어려운 부탁을 했다. 기자들 앞에 나서달라고 했다.

언론은 이미 메탄올 중독 실명 사건에 큰 관심을 갖지 않았다. 얼마나 많은 피해자가 있을지 모를 일이다. 언론이 다시 이 문제를 다루게 하는 방법은 피해자가 직접 나서는 것이다. 다른 피해자를 위해 두 사람은 나설 수 있을까.

정훈씨는 동생과 상의했다. 세상의 외면을 받은 정훈씨는 세상을 믿지 않았다. 선뜻 아무런 대가도 없이 도움을 주고 있는 박활동가를 믿는 것도 마찬가지였을 것이다. 정훈씨 동생이 박활동가에게 전화를 걸어, 불안한 목소리로 물었다.

"우리 형, 어디에 끌려가는 거 아니에요?"

정훈씨는 고민 끝에 박활동가의 제안을 받아들였다. 영신씨도 그랬다. 두 사람 다 오랫동안 영문도 모른 채 실명의 고통을 숨죽이며 감당해야 했다. 혹시라도 두 사람과 같은 상황에 부닥친 사람이 어딘가에 있을 수도 있다. 그런 사람들에게 구조 신호를 보내는 일에 두 사람은 용기를 냈다. 박활동가는 그들의 용기가 참

피해자들이 근무한 사용업체 · 파견업체, 쓰러진 날

이름	근무 시작	쓰러진 날	사용업체	파견업체
이현순	2015년 9월 21일	2016년 1월 16일	YN테크	누리잡
방동근	2015년 9월 2일	2016년 1월 22일	YN테크	누리잡
이진희	2016년 2월 11일	2016년 2월 17일	BK테크	드림아웃소싱
양호남	2015년 12월 22일	2015년 12월 30일	덕용ENG	세울솔루션
김영신	2015년 1월 13일	2015년 2월 2일	덕용ENG	플랜에이치알
전정훈	2015년 9월 11일	2016년 1월 16일	BK테크	대성컴퍼니

고마웠고, 미안하기도 했다.

10월 12일 오전 10시 영신씨와 정훈씨가 국회 기자회견장인 정론관에 섰다. 두 사람은 문구가 쓰인 종이를 들었다.

'영문도 모른 채 시력을 잃었을 추가 피해자를 찾아주세요.'

'제가 위험하게 일을 하는지 아무도 알려주지 않았습니다.'

더불어민주당, 국민의당, 정의당 국회의원이 자리를 함께했다. 박활동가도 있었다. 카메라 플래시가 연달아 터졌다. 한정애 더불어민주당 국회의원은 거듭 두 사람의 모습을 그대로 보도하지 말고 모자이크로 처리해달라고 부탁했다. 영신씨와 정훈씨의 얼굴은 상기되어 있었다. 곧 정훈씨가 마이크 앞에 섰다.

"저는 저만 당한 줄 알았어요. 병원에 있었을 때, 회사에서 찾아와서 산재보험 처리를 못 하니까 합의하자고 했어요. 메탄올 때문인지 몰랐어요. 나중에 알고 보니 저 혼자만 이런 일을 당한 게 아니었어요. 메탄올 때문에 실명이 됐다는 것을 나중에 알게 되었어요. 앞으로 이런 환자가 없었으면 좋겠습니다."

다음은 영신씨 차례였다.

"제가 여기 큰 용기를 내서 왔는데요. 앞으로 저 같은 피해자가 안 나왔으면 하는 바람으로 용기를 냈습니다. 제가 지금 여기 말하고 있는 기분이, 왠지 피해자 같지가 않고 좀 죄를 지은 것 같네요. 저 같은 피해자가 있다면 용기를 많이 내면 좋겠습니다. 그분도 원인도 모른 채 눈이 안 보이고 힘들게 살아갈 텐데, 용기를 많이 내면 좋겠습니다."

다행일까, 불행일까. 두 사람의 목소리는 많은 언론을 통해 세상에 알려졌지만, 더 이상의 피해자는 나타나지 않았다. 피해자가 없어서일까, 아니면 세상과 단절한 채 사는 또 다른 피해자에게 두 사람의 목소리가 전달되지 않은 것일까.

영신씨는 기자회견 뒤에도 자신이 겪은 일을 언론에 적극적으로 알렸다. 뉴스 프로그램에도 나왔다. 영신씨는 자주 박활동가에게 똑같은 질문을 던졌다.

"활동가님, 그거 좋은 일이에요? 제가 더 할 일이 없을까요? 도움이 되고 싶은데…."

04

책임지는 사람이 없다

시력을 잃고 뇌를 다쳤다. 삶을 잃었다. 하지만 책임지는 사람은 없다. 피해를 입은 청년 6명 가운데 5명이 삼성전자 갤럭시 스마트폰을 만들다 다쳤다. 진희씨는 LG전자 스마트폰 부품을 만들었다. 삼성전자와 LG전자는 어떠한 책임도 없을까.

삼성전자의 홈페이지에는 '행동 규범 가이드라인(Business Conduct Guidelines)'이 올라와 있다. 삼성전자는 기업의 사회적 책임을 다하는 기업임을 자랑스레 내세우고 있다. 가이드라인에는 하청업체와 관련한 '공급망 관리' 부문이 있고, 여기에서 '제품 화학물질 관리'를 다루고 있다.

'삼성전자는 공급망 내 유해 화학물질 관리를 통해 제품에 사용되는 화학물질을 엄격하게 관리합니다. 사용이 제한되는 법정 규제 물질과 자발적 제한 물질을 제품환경 관리물질 운영규칙에 의해 관리하고 있으며, 제품에 관리 대상 물질이 포함되는 것을 근본적으로 방지하기 위해 모든 생산 현장에서 사용되는 부품과 완제품에 대해 대상 물질 함유 여부를 엄격하게 검사 · 관리하고 있습니다.'

삼성전자는 떳떳할까. 박활동가는 2016년 3월 3일 노동건강연대와 여러 연대 단체의 이름으로 권오현, 윤부근, 신종균 삼성전자 대표에게 여러 질문이 담긴 공개질의서를 보냈다. 박활동가는 공개질의서를 작성하면서 공익인권변호사모임 '희망을만드는법' 소속 김동현 변호사를 비롯해, 하청노동자 산업재해에서 원청의 책임을 묻는 방법을 연구하는 활동가들로부터 큰 도움을 받았다.

20여 일 뒤 삼성전자의 답변서가 도착했다.

노동 안전을 보장하고 노동 재해를 예방하기 위해 공급망 내의 기업들을 모니터링해온 사실이 있습니까?

이번에 문제가 발생한 업체들은 3차 협력사로, 직접 안전관리 및 모니터링의 대상이 아님. 안전관리와 모니터링의 대상인 1차 협력사를 통해 2차 업체와 3차 업체를 계도하도록 하고 있지만, 3차 업체는 2차 업체와의 거래 관계가 수시로 변경되고 있어 모니터링은 물론 실체 파악 자체에 어려움이 있음.

삼성전자는 3차 하청업체에서 일어난 일에는 책임지지 않는다는 뜻을 밝힌 것이다. 박활동가는 2016년과 2017년 두 차례 더 공개질의서를 보내고 면담 요청을 했다. 하지만 삼성전자 쪽 관계자들을 만날 수는 없었고, 비슷한 내용의 답변서만 받았다. 세 차례에 이르는 답변서에서 책임이라는 단어를 찾을 수 없었다.

노동건강연대는 LG전자에도 여러 차례 질의서를 보냈지만, 책임을 1차 하청업체에 미루는 삼성전자의 것과 비슷한 답변을 받았다.

'협력회사 행동규범을 통해 1차 협력회사에 하위 협력회사를 관리(행동규범 준수 요구와 평가)할 것을 요구하고 있습니다.'

여기에서도 책임이라는 단어를 찾을 수 없었다.

• • •

당시 삼성그룹 총수의 관심은 3차 하청업체 파견노동자의 실명이 아니었다. 대통령의 권력을 이용해 삼성그룹 승계 작업을 마무리하는 데 힘을 쏟았다.

이진희 씨가 삼성전자의 스마트폰에 들어갈 부품을 생산하다 병원에 실려 가기 이틀 전인 2월 15일, 이재용 삼성전자 부회장은 청와대의 비밀스러운 안전가옥에서 박근혜 대통령을 만났다. 그날 이부회장은 대통령으로부터 최순실의 딸인 승마선수 정유라를 지원해달라는 요구를 재차 받았다.

삼성전자가 박활동가에게 첫 번째 질의서 답변을 보냈던 3월

24일, 삼성전자는 최순실의 독일 코어스포츠 계좌로 72만 3400유로(9억 4340만 원)를 보냈다. 부정한 청탁을 위한 뇌물이었다.

최순실이 마음대로 주무르는 코어스포츠, 한국동계스포츠영재센터, 미르 · K스포츠재단 등에 삼성이 준 돈만 해도 수백억 원에 달한다. 2017년 8월 이재용 부회장 뇌물 공여 사건 1심 선고공판에서 법원이 뇌물로 인정한 금액만 72억 9427만 원이다.

그런 삼성에 하청업체 파견노동자의 실명에 책임지는 모습을 기대하는 것은 애초부터 불가능한 일이었는지도 모른다.

• • •

노동건강연대는 꾸준히 '위험의 외주화'가 초래할 위험을 주장해왔다. 특히 제조업 불법 파견에 경고음을 내왔다. 안타깝게도 메탄올 중독 실명 사건으로 그 우려는 현실이 됐다.

위험의 외주화를 어떻게 막을 수 있을까. 원청만이 바로잡을 수 있다. 하청노동자가 다치거나 죽을 때마다 원청의 책임을 물어야 한다는 주장이 나온다. 하지만 거기까지다. 특히 이번 사건처럼 사내가 아닌 외부 하청업체에서 일어난 산업재해를 두고 원청에 책임을 물을 방법은 마땅치 않다.

피해자들은 2015~2016년 삼성 갤럭시 스마트폰을 만들다 시력을 잃었고, 삼성은 스마트폰 판매 부문(IM 부문)에서만 2015년 10조 1420억 원, 2016년 10조 8100억 원이라는 천문학적인 영업이익을 올렸다.

정말 삼성은 어떠한 책임도 없는 것일까. 피해자들의 손해배상 청구소송을 돕고 있는 민변(민주사회를 위한 변호사모임) 소속 변호사들은 많은 고민을 했다.

'상징적인 의미로 피해자들이 삼성과 LG에도 손해배상 소송을 청구하면 어떨까.'

이들 업체에 소송을 제기하면, 세상의 관심을 받을 수 있다. 하지만 손해배상 청구소송이 기각될 가능성이 크다는 것을 감안하면, 결국 두 회사에 면죄부를 주는 행위가 될 수도 있다. 변호사들 사이에 격론이 벌어졌고, 손해배상 청구 대상에서 삼성과 LG는 빠졌다.

국내에서 삼성과 LG에 책임을 묻기는 어렵지만, 국제적 차원에서 방법이 없는 건 아니었다. 2016년 5월 '유엔 기업과 인권 실무그룹UN Working group on Business and Human Rights'이 한국을 방문했다. 앞서 2011년 유엔인권이사회(UNHRC)에서는 글로벌 기업의 인권 침해 상황을 감시하기 위해 '기업과 인권 이행 지침'을 마련했다. 기업과 인권 실무그룹을 설립해 이행 지침을 전파하고 기업의 인권 침해를 고발하는 역할을 맡겼다. 실무그룹은 여러 나라를 방문하며 관련 활동에 나섰다. 5월 23일 실무그룹이 처음으로 한국을 방문했다.

실무그룹은 정부와 기업뿐 아니라, 인권 침해 피해자들과 시민단체, 노동조합을 만났다. 박혜영 활동가도 실무그룹을 상대로 메탄올 중독 실명 사건과 현대중공업 사내 하청 노동자들의 산업재해 등을 발표했다.

실무그룹은 6월 1일 한국을 떠나면서 삼성과 LG를 겨냥한 입장을 내놓았다. 마이클 아도 위원은 기자회견을 열고 열흘 동안 조사한 내용을 발표했다.

"기업들이 공급망(하청 구조)에 대한 책임을 더욱 강화해야 한다는 느낌을 받았습니다. 공급망에서 1차에서 4차 하청기업으로 내려갈수록 책임이 약화하는 경향을 보였습니다. 대부분의 회사는 1차 공급망까지만 책임을 지고 있다고 얘기합니다. 하지만 유엔 기업과 인권 이행 지침은 영향이 미치는 곳에 책임도 함께 따른다는 것입니다."

국제적으로 삼성과 LG가 3차 하청업체에서 발생한 비극에 책임져야 한다는 UN 관계자의 발언이 나왔다. 실무그룹은 2017년 유엔인권이사회에 정식 보고서를 내기로 했다. 시민사회는 특별한 계획을 준비하기 시작했다.

• • •

대정부 질문이 열린 7월 5일 오후 국회 본회의장 대형 전광판에 이현순 씨가 중환자실에서 온갖 장치에 의존해 사투를 벌이고 있는 사진이 떴다. 본회의장 한가운데 단상에 선 한정애 더불어민주당 의원이 피해자 4명의 현재 상황을 전했다. 곧 목소리가 떨리기 시작했고, 한정애 의원은 곧 울먹였다.

“지금 눈 멀어서 저 사람들한테 무슨 미래가 있습니까? 저 사람들, 저렇게 눈멀 때 대한민국 공권력, 대한민국 정부, 어디에 있었습니까? 무얼 하고 있었습니까? 대통령께서 피 토하면서 파견 확대하라고 할 때, 저런 청년들 만들고 싶은 겁니까? 저런 일자리 만들고 싶은 겁니까?”

황교안 국무총리는 어떠한 표정 변화도 없이 한정애 의원의 얼굴을 빤히 쳐다보았다. 한의원이 재차 따졌다.

“파견법으로 이루고자 하는 사회가 저런 사람들로 넘쳐나는 사회입니까?”

황총리가 마침내 입을 열었다.

“노동 개혁은 안전에 관한 것이 아니라 근로 현장에 관한 얘기입니다. 근로 현장의 비정상을 정상화하기 위한 것입니다.”

말이 통하지 않았다. 불법 파견을 막지 못한 대한민국은 실명한 파견노동자들에 대해 어떠한 책임도 없을까. 대한민국의 답은 ‘어떠한 책임도 없다’는 것이다. 어쩌면 당연한 일이다. 박근혜 대통령은 임기 내내 파견을 확대해야 한다고 부르짖었으니까.

• • •

이현순, 방동근, 이진희 세 사람은 민변 변호사들의 도움을 받아 2016년 4월 29일 파견사업주와 사용사업주에게 손해배상을 청구하는 소장을 법원에 냈다. 피고에는 대한민국도 포함됐다.

'근로감독관 및 담당 공무원들의 지도 점검이나 감독이 이루어지지 않음으로 해서 원고들은 심각한 위험 상태에서 계속 작업을 하였고, 결국 이로 인해 이 사건 재해가 발생했습니다.'

이 소송에서 대한민국은 고용노동부를 뜻한다. 고용노동부는 우리나라 4대 로펌 중 한 곳인 법무법인 세종에 이 사건을 맡겼다. 선임료 1000만 원에 성공보수금 1000만 원이다. 지금까지 근로감독관들의 잘못을 탓하며 대한민국을 상대로 손해배상 청구소송을 낸 것은 메탄올 중독 실명 피해자들이 처음이다. 이들을 돕고 있는 민변 변호사도, 대한민국이 선임한 법무법인 세종 변호사도 이를 잘 알고 있었다. 재판장 역시 마찬가지였고, 이후 재판은 치열하게 진행됐다.

...

대한민국이 재판에서 구체적인 입장을 내놓은 것은 1년이 지난 뒤였다. 2017년 5월 서울중앙지방법원에서 열린 1차 변론기일에서 대한민국을 대리하는 박세길 변호사가 말했다.

"고용노동부 부천지청이 담당하는 사업장 수가 5만 4000개인데, 근로감독관 수는 6명입니다. 현실적으로 상식적인 관리 · 감독이 불가능합니다."

BK테크에 들이닥치고도 메탄올을 발견하지 못한 근로감독관들은 어떨까. 그때 근로감독관들이 메탄올을 발견했다면, 이진희 씨는 쓰러지지 않았다.

"두 차례 현장 점검을 나갔는데, 사용자가 근로감독관에게 거짓 진술을 했고, 메틸알코올을 발견하지 못했습니다. 이런 점에서 관련 의무를 회피하지 않았습니다."

박변호사는, 아니, 대한민국은 끝내 책임을 인정하지 않았다.

기자 명함을 버리고 파견 노동자로 취업하다

2부
2016년
초입 겨울

'휴일 특근'이라는 시가 담긴 시집 〈노동의 새벽〉은 1984년에 나왔다. 생산직 노동자들의 현실을 담은 이 시가 30년이 훌쩍 지난 지금까지도 유효할 줄은 상상도 하지 못했다.

05

신분을 속이다

2016년 2월 23일 경기도 안산시 안산역 앞 원곡동 거리를 걷다가 '남자 사원 모집'이라고 쓰인 간판 앞에 섰다. '생산직' '시급 6030원' '경력자 · 초보자 환영' 따위의 문구가 눈에 들어왔다. 내 뒤에서 갑자기 중국 동포 말투가 들렸다.

"일자리 구하세요?"

"아, 네."

나는 곧 그의 손에 이끌려 2층 '골드잡'이라는 이름의 파견업체에 들어갔다. 이름이 참 촌스럽다는 생각도 잠시, 마음이 조마조마했고 심장이 쿵쾅쿵쾅 뛰었다. 앞서 여러 파견업체를 찾아 일자리를 구한다고 말했지만 여전히 떨렸다. 파견 노동 실태 취재라는 공익을 위한 위장 취업이라지만, 누군가를 속인다고 생각하니 영개운치 않고 말이 잘 나오지 않았다.

파견업체 직원들은 다들 내게 그동안 어떤 일을 했는지 물었다. 처음 몇 번은 대학원생인데 등록금을 벌기 위해서 파견업체 문을 두드리는 것이라고 답했는데, 다들 의아하다는 표정을 지었다. 그 뒤로는 휴대전화 판매 대리점을 했다고 말했다. "어디서 일했어요?" "얼마 벌었어요?"부터 꼬치꼬치 캐묻는 바람에 혼이 났다. 심지어는 "제 친구들도 대리점을 하는데…" 하면서 대화를 길게 잇는 파견업체 직원도 있었다. 그때 정말 난감했다. 내가 무슨 말을 했는지 기억도 안 난다. 거짓말 연습을 좀 할걸 그랬다.

골드잡을 향하는 계단을 오르면서 어둠의 세계로 들어가는 것 같은 착각에 잠시 빠지기도 했다. 파견업체 문이 열리더니, 눈앞에는 일자리를 구하는 사람들로 시끌벅적한 풍경이 펼쳐졌다. 50대, 60대로 보이는 아주머니들이 많았다. 휴. 멋쩍은 웃음이 튀어나왔다. 범죄와 폭력 세계를 다룬 누아르 영화를 너무 많이 본 모양이다. 아니, 긴장해서 그랬던 걸까.

내 손을 이끈 사람은 나를 관리1팀 팻말이 붙은 책상 앞에 앉혔다. 책상에는 한국 사람이 앉아 있었다. 그는 자신을 소개하지도 않고 내 호구 조사부터 시작했다. 중국 동포 말투를 쓰는 이를 대리로 부르는 것을 보니, 팀장쯤으로 보였다. 김팀장이라 하자. 김팀장은 "집은 어디시죠?" "몇 살이죠?" "결혼했나요?" 같은 질문을 쏟아냈고, 나는 차근차근 답했다.

——— 안산 원곡동 거리 곳곳에 붙어 있던 파견노동자 모집 광고판. 최저 임금을 받고 장시간 일할 사람을 찾는다.

"한국 사람만 있는 곳에서는 일할 수 없어요."

김팀장은 그 말을 하며 LG전자의 최신형 스마트폰 G5의 몸체 일부를 가공하는 회사를 소개했다. 공작기계를 다루는 단순 업무라고 했다. LG전자를 꼭대기로 하는 피라미드 하청 구조의 밑바닥에 있는 회사였다. 120명의 직원이 일한다고 했다.

위장 취업하기에 딱 알맞은 회사였다. 스마트폰 부품을 가공하는 곳이니, 나중에 기사를 쓸 때 독자들의 관심을 불러일으킬 수 있을 것이다. 다들 자신의 스마트폰이 어떻게 만들어지는지 알고 싶을 테니까.

그때 파견노동자들이 스마트폰 부품을 가공하는 하청업체에서 일하다 메탄올로 시력을 잃었다는 뉴스가 머리를 스쳤다. 3주 전의 일이었다. 세상이 떠들썩했다. 설마 이곳 LG전자 하청업체에서는 메탄올을 쓰지 않겠지. 곧 머릿속에서 메탄올 중독 실명 사건은 흩어져버렸다.

· · ·

내가 경기도 안산시와 시흥시에 걸쳐 있는 반월 · 시화공단을 찾은 것은 이곳에 대기업 하청업체가 수두룩하기 때문이다. 전국 산업단지 중에서 가장 규모가 큰 이곳은 1970년대 서울의 제조업체, 공해 유발 기업들을 분산하기 위해 조성됐다. 대기업의 주문 물량에 절대적인 영향을 받는 하청업체들은 주문량에 따라 쉽게 해고하거나 채용할 수 있고, 저임금을 받고도 장시간 노동을 할 수 있는 노동자를 찾았다.

1998년 2월 14일 자정을 몇 분 앞두고 파견법 제정안이 국회에서 통과됐다. 정리해고를 가능하게 하는 근로기준법 개정안 등도 함께 처리됐다. 2월 6일 노사정위원회에서 타결된 내용이 법으로 만들어지는 데 걸린 시간은 불과 8일이었다. 'IMF 사태'라는 국가 부도 상황을 극복하기 위한 사회적 대타협은 큰 박수를 받았지만, 우려도 많았다. 〈한겨레〉 2월 7일자 사설 내용이다.

'근로자 파견법 제정은 고용 불안정을 부채질하게 될 것이라는 점에서 노동자들에게 고통을 더할 것이다. (…) 불법적 근로자 파견이 공공연히 행해지고 있는 현실에서 이 법의 제정은 비정규직을 양산하는 결과를 빚게 될 게 분명하다.'

기업들이 음성적으로 활용하던 파견은 합법화됐다. 반월 · 시화공단의 회사들은 파견법을 적극적으로 활용했다. 파견법이 만들어진 지 20년이 된 현재 이곳에서는 파견업체를 통하지 않고는 취업하기 어렵다. 그렇게 안산은 파견노동자가 가장 많은 도시로 우뚝 섰다. 나는 파견노동자가 되기 위해 이 도시를 찾았다. 당시는 박근혜 대통령이 파견을 확대하는 파견법 개정을 추진하고 있던 때였다. 나는 파견노동자로 일하면서 겪은 파견 노동의 민낯을 세상에 알리고 싶었다. 어쩔 수 없이 기자 신분을 속여야 했다.

• • •

내가 LG전자 하청업체에 관심을 보이자, 김팀장은 근무조건을 설명했다.

"아침 8시 30분부터 저녁 8시 30분까지 일해요. 이곳 사무실까지는 7시 30분까지 나와야 해요. 토요일과 일요일에도 특근해요. 한 달에 28, 29일 일하는 '풀 근무'예요."

그의 말에 머리가 띵했다. 주말 근무는 각오한 일이다. 하지만 일요일에도 일할 줄은 생각하지 못했다. 박노해 시인의 시 '휴일 특근'의 한 구절이 떠올랐다.

너만은 훌륭하게 키우려고
네가 손꼽아 기다리며 동그라미 쳐논
빨간 휴일날 아빠는 특근을 간다
발걸음도 무거운 창백한 얼굴로
화창한 신록의 휴일을 비켜
특근을 간다.

'휴일 특근'이라는 시가 담긴 시집 〈노동의 새벽〉은 1984년에 나왔다. 생산직 노동자들의 현실을 담은 이 시가 30년이 훌쩍 지난 지금까지도 유효할 줄은 상상도 하지 못했다.

그런 충격 속에 서울에 있는 아내와 첫돌이 된 아들 녀석의 얼굴이 스쳤다. 파견노동자가 되면 서울에서 지낼 수 없다. 서울에서 반월 · 시화공단으로 출퇴근하기에는 너무 멀다. 앞선 파견업체에서 집이 서울이라고 말했더니, 출퇴근이 불가능하니 기숙사나 원룸을 잡으라는 답이 돌아왔다.

다행히 안산과 가까운 안양에 부모님이 사신다. 위장 취업을 계획한 한 달 동안 안양에서 출퇴근을 하고 주말에만 서울에 가기로 마음먹었다. 하지만 일요일에도 일한다면, 아내와 아들을 한동안 보지 못할 것이다. 일요일에도 일해야 한다는 현실을 선뜻 받아들이기 힘들었다. 이렇게까지 해서 취재를 해야 하나. 나도 모르게 입에서 질문이 튀어나왔다.

"일요일은 못 쉬나요?"

"일요일에 쉰다고 하면, 회사에서 안 받아줘요."

앞서 들른 파견업체에서도 장시간 노동을 강조했다. 생산직이나 파견으로 일을 해본 적이 없다고 할 때마다, 다들 으름장을 놓았다. "생산직 안 해봤으면, 다 됐고요. 힘들어요. 자기 시간이 없어요. 하라는 건 무조건 해야 해요."

한 파견업체 직원은 이렇게 말했다.

"출퇴근 시간까지 생각하면, 하루 15시간 이상 회사를 위해 일해야 해요. 일찍 퇴근해서 여자친구랑 놀고 싶으면, 그 길로 퇴사하시면 돼요. 생산직은 부지런해야 해요. 일하려면 잠을 줄이는 수밖에 없어요. 그리고 마음을 독하게 먹어야 합니다. 공장에서는 무시당하고, 막말도 들을 거예요. 대우 좋다고 하는 곳에 가서, 속아도 봐야 해요."

다른 파견업체 직원의 말도 비슷했다.

“저도 생산직을 해봤는데 처음엔 정말 힘들어요. 저도 회사 다니다가 생산직 일을 했거든요. ‘일주일을 버티면 성공한 사람이다’ 하면서 버텼어요. 한 달이 가고 두 달이 가고, 어느새 열 달이 지나가더라고요. 저도 물들어간 거죠. 내가 하고자 하는 의지만 있으면 못 할 건 없더라고요. 요즘 일자리 구하기가 쉽지 않잖아요.”

그는 갑자기 나이 얘기를 꺼냈다.

“대식 씨, 나이가 우리 나이로 서른다섯이잖아요. 안정된 직장을 찾아야 할 거 아녜요? 일단 좀 더 여기저기 알아보시고, 잠깐 알바 형식이라도 일당 뛰시고. 그런 것도 경험 삼아서 해보는 것도 나쁘지 않아요. 괜찮다 싶으면 가는 거고. 나랑 안 맞다 싶으면… 어느 순간 떠돌이 생활이 될 수가 있어요. 적은 나이가 아니잖아요.”

내가 여기 온 진짜 이유를 말하고 싶은 마음이 굴뚝같았지만, 나는 고개를 끄덕끄덕할 뿐이었다.

· · ·

그래, 좋다. 해보자. 주말에도 일하면 돈을 많이 벌 수 있을까. 김팀장한테 LG전자 하청업체 시급을 물었다.

“시급 6030원이에요.”

정확히 2016년 최저임금이다. 10원의 에누리도 없다니. 내가 실망한 내색을 보이자, 그는 말을 보탰다.

“주차 · 월차 수당도 있으니까, 한 달에 240만 원 정도는 돼요.”

이 정도면 괜찮은 조건 아니냐는 투였다. '저녁과 주말이 있는 삶을 포기하고 받는 돈치고는 적은 것 아닌가요?' 이런 말이 목구멍까지 차올랐지만, 입 밖으로 내지 못했다.

나는 그에게 마지막으로 물었다.

"장기 근무가 가능한가요?"

노림수가 있는 질문이었다. 그는 미끼를 덥석 물었다.

"당연하죠. 공작기계를 가진 회사는 대기업으로부터 계속 주문을 받을 수 있어요. 최신 스마트폰이 꾸준히 나오기 때문에, 계속 일할 수 있습니다."

불법이다. 일시 · 간헐적인 인력 확보라는 예외적인 사유로 제조업 파견을 한다 해도, 그 기간은 6개월을 넘을 수 없다.

여기서 궁금증이 들었다. 안산역이 있는 원곡동에는 수많은 파견업체가 있다. 반월 · 시화공단에 제조업체가 다수인 걸 감안하면, 이곳 파견업체들은 대부분 불법 파견으로 돈을 벌고 있다. 부동산 공인중개사 사무실처럼 파견업체 입구에는 '제조업 파견노동자 모집' 전단이 붙어 있다. 원곡동은 대낮에도 불법 천국이다. 이곳에서 국가는 무얼 하고 있는 걸까.

...

고심 끝에 LG전자 하청업체에 취업하기로 결정했다. 이곳에서 파견노동자가 겪는 현실을 제대로 경험해보자고 마음먹었다. 김

2011년 반월 · 시화국가산업단지의 이름은 안산 · 시흥스마트허브로 바뀌었지만, 이곳에서 일하는 노동자들은 이 지역을 반월 · 시화공단으로 부른다. 이곳에는 대기업 하청업체가 수두룩하다.

팀장은 내 신분증을 복사한 뒤 연락처와 계좌번호를 받아 적었다.

"내일부터 나오세요."

"네. 알겠습니다."

긴장과 흥분이 섞인 마음에 서둘러 파견업체를 빠져나왔다. 몇 분을 걷다 보니, 근로계약서를 깜빡한 게 생각났다. 발길을 돌렸다.

"근로계약서를 쓰지 않았는데요."

"네? 그런 거 없는데요."

또 불법이다.

다시 파견업체를 빠져나왔다. 이곳에서 일하면 각종 불법을 취재할 수 있을 것이다. 그런 생각도 잠시, 뭔가 허전했다. 아뿔싸! 파견업체에 가방을 놓고 나온 걸 깨달았다. 가방에는 노동단체에서 받은 불법 파견 자료가 잔뜩 들어 있었다. 파견업체를 다시 찾았지만, 유리문은 굳게 닫혀 있었다. 문 너머로 가방이 보였다. 5분, 10분…. 파견업체 직원들은 돌아오지 않았다. 별별 생각이 다 들었다. 혹시 누구의 가방인지 확인하기 위해 가방을 열어보지는 않았을까.

1시간이 지나서야 직원들이 돌아왔다. 쿵쾅거리는 가슴을 부여잡았다.

"가방을 놓고 나와서요."

진땀이 났다. 한 직원이 말했다.

"아, 저기 있네요."

표정을 보니, 다행히 가방을 열어보지 않은 모양이었다. 휴. 앞으로 일하면서 이렇게 덤벙거리면 안 되는데. 신분을 속이는 일은 내게 맞지 않는 일인가 보다. 뭔가 순탄치 않을 앞날을 예고하는 듯했다.

06

다행히 메탄올은 아니었다

2월 24일, 첫 출근 날이다. 새벽 5시 30분에 눈을 떴다. 안양 부모님 집에서 새벽 겨울바람을 뚫고 버스와 지하철을 이용해 안산역에 닿았다. 안산역 앞 왕복 12차선의 대로는 거대한 주차장으로 변한 지 오래였다. 수많은 출근 버스, 승합차들이 노동자들을 태우기 위해 도로변에서 기다렸다. 오전 7시 20분에 도착한 사무실에는 이미 많은 사람이 모여 있었다. 추운 날씨에 다들 발을 동동 굴렀다.

갑자기 한 아주머니가 파견회사 문을 열었다. 그와 함께 온 남자는 "이 아줌마, 오늘 파견으로 일할 데 없어요?"라고 물었다.

아주머니는 처분만을 기다린다는 표정으로 고개를 숙이고 있었다. 골드잡 직원이 나이를 물었고, 아주머니를 데려온 그는 "마흔여덟 살이요"라고 답했다. 그러자 직원이 말했다.

"나이가 너무 많아요."

얼굴이 새빨개진 아주머니는 도망치듯 사무실을 빠져나갔다. 아직도 그 표정이 잊히지 않는다. 그때야 내가 서 있는 곳이 어떤 곳인지 깨달을 수 있었다.

"갑시다." 골드잡 직원의 말에 나를 비롯한 파견노동자들이 우르르 건물 밖 미니버스에 올라탔다. 미니버스를 타고 30분을 달려, 시화공단에 있는 한 창고형 공장에 내렸다.

오전 8시 10분 공장에 들어가니, 밤샘 근무를 마친 이들이 삼삼오오 모여 퇴근을 기다리고 있었다. 젊은 여자들이 많았다. 중국동포로 보였다. 그들은 교대 근무자가 왔는데도 퇴근을 할 수 없다. 출퇴근 기록 때문이다. 출퇴근 기록지를 기계에 넣으면 퇴근 시간이 찍힌다. 오전 8시 30분까지 기다려야 했다.

공장 안에는 40여 대의 최신형 CNC 공작기계가 있었다. 나는 여러 대의 공작기계를 이용해 G5의 알루미늄 몸체를 가공하는 일을 했다. G5 몸체 일부를 공작기계 속 틀에 넣은 뒤, 문을 닫고 스타트 버튼을 누르는 일이다. 그러면 날카로운 절삭 공구가 몸체를 가공한다. 이 과정에서 푸른 액체가 몸체 위로 쏟아져 나온다. 가공은 5분가량 이어진다. 그사이 가공이 끝난 공작기계의 문을 열어 몸체를 꺼낸 뒤, 에어건이라 불리는 압축공기 분사기로 푸른 액체와 알루미늄 가루를 날린 후 통에 담는다. 이런 작업을 12시간 동안 계속해야 한다.

사실 첫날 공장 일은 상상했던 것과 비교하면, 쉬운 일이었다. 저질 체력 탓에 공장에 발을 들이기 전까지는 일을 잘 해낼 수 있을까 조마조마했다. 다행히 공작기계는 부담을 크게 덜어줬다.

그렇지만 12시간 가까이 서서 말 한마디 않고 일하는 일은 쉽지 않았다. 퇴근 시간쯤 되면 허리가 끊어질 것 같았다. 조금 변명을 하자면, 10년 동안 취재하고 노트북으로 기사를 써오다가 하루 12시간 동안 이어지는 공장 생활에 적응하는 일은 누구라도 쉽지 않을 것이다.

· · ·

그렇게 공장 생활에 적응했고 하루씩 흘렀다. 하루 12시간씩 일하니 세상 돌아가는 일에 관심을 쏟을 겨를이 없었다. 휴식 시간에 잠깐 스마트폰으로 뉴스를 볼 뿐이었다. 일한 지 사흘째인 2월 26일에도 고된 노동을 마치고, 늦은 밤 안산역에서 전철을 탔다. 빨리 누워 자고 싶은 마음밖에 없었다.

내 직속 선배인 기획취재팀장으로부터 연락이 왔다. 내가 처음 불법 파견 현장을 고발하기 위해 위장 취업에 나서겠다고 했을 때부터, 그는 나를 많이 걱정했다. 그날따라 팀장의 차분한 목소리에 근심이 느껴졌다. 전날 나온 뉴스를 알려주며 몸조심하라는 말을 전했다. “걱정하지 마세요”라는 말로 전화를 끊고, 뉴스를 검색

해봤다.

대기업 휴대전화 부품 납품업체에서 일하던 파견근로자가 독성 물질인 메틸알코올에 중독되는 사건이 또 발생했다. 25일 고용노동부에 따르면, 이달 17일 인천 남동구 소재 휴대전화 부품업체에서 일하던 근로자 A(28 · 여)씨가 시력 장애, 의식 혼미 등 메틸알코올 중독 증상으로 응급 후송돼 현재 중환자실에서 입원 치료 중이다.

2월 초에도 메탄올 중독으로 파견노동자가 실명했는데, 같은 사고가 또 일어난 것이다. 스마트폰 부품을 가공하는 대기업 하청업체에서 메탄올이 광범위하게 사용되고 있는 것은 아닐까. 의심과 함께 두려움이 나를 덮쳤다.

온종일 손에 흥건했던 푸른빛의 액체가 머리를 스쳤다. 메탄올은 아닐까. 공장에서는 그 누구도 그 물질이 무엇인지 얘기해주지 않았다. 그러면서 목장갑, 주방용 비닐장갑, 감기 걸렸을 때 쓰는 가벼운 마스크만 내줬다. 푸른 액체가 메탄올이라면, 이미 내 몸엔 메탄올이 그득할 것이다. 눈앞이 캄캄해지고, 아찔했다. 설마, 아니겠지…. 아내와 첫돌이 지난 아들 녀석이 눈에 아른거렸다.

• • •

이튿날 위장 취업을 도와준 노동단체 관계자에게 푸른 액체의

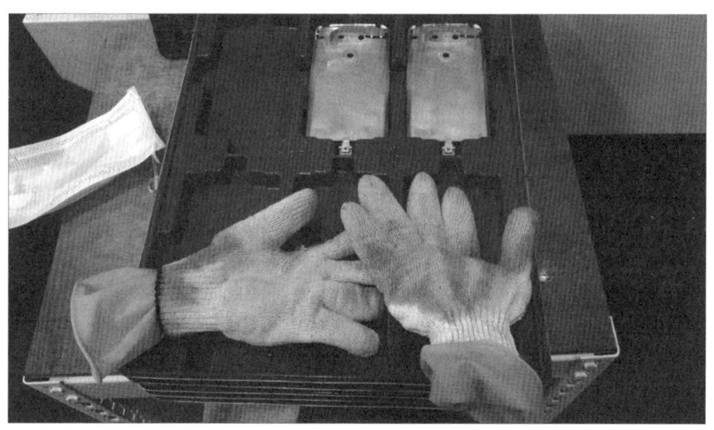

나는 목장갑, 주방용 비닐장갑, 감기 마스크만으로 정체불명의 화학물질로부터 내 몸을 보호해야 했다.

정체를 물었다. '절삭유'라는 답이 돌아왔다. 크게 위험한 물질은 아니라고 했다. 다행이었지만, 꺼림칙한 느낌을 지울 수 없었다.

공장에서 절삭유가 묻은 스마트폰 몸체를 공작기계 속 틀에 넣고 빼는 일이니, 1시간만 지나도 장갑은 절삭유에 절었다. 절삭유가 흥건한 손에서는 역한 냄새가 났다. 그제야 골드잡 김팀장이 "냄새가 많이 날 거예요"라고 한 이유를 알 수 있었다.

그가 공장 환경과 공작기계를 설명하면서, 절삭유 얘기를 꺼낸 일이 그제야 떠올랐다.

"세탁기라고 보면 돼요. 세탁기를 돌리면, 그 안에서 세제가 섞이면서 돌아가잖아요. 절삭유가 그런 역할을 하는 거죠."

세제라는 말에 나 또한 대수롭지 않게 여겼다.

다만 냄새 때문에 적응하지 못한 사람이 지금껏 몇 명 있었다고 했다. 그래서 환풍기 설치 공사를 하고 있다는 말도 덧붙였다.

"환풍기를 설치한다 해도 냄새가 완전히 제거되는 건 아니겠지만, 냄새가 70~80퍼센트가량 덜 날 것 아니에요? 자동차 부품회사 가면 냄새가 나듯이, 모든 회사에는 냄새가 있을 수밖에 없어요. 그렇게 못 버틸 정도는 아니에요. 그리고 마스크도 주고 장갑도 주니까, 서서 왔다 갔다 하면서 일해요. 아줌마도 해요. 그러니까 육체적으로 힘들지 않아요."

현장에서 일해보니 냄새는 큰 문제가 아니었다. 장갑에 흥건하게 묻는 이 액체가 살에 닿는 게 싫었다. 선임자에게 고무장갑이 있는지 물었다. 그가 전해준 것은 주방용 비닐장갑이었다. 목장갑과 비닐장갑을 손에 끼고 다시 작업했다. 얼마 안 가 비닐장갑은 쭈글쭈글해졌다. 그날 비닐장갑을 몇 번이나 바꿔 끼었는지 모른다.

이곳 공장에서 일한 첫날, 함께 온 젊은 남성 파견노동자 한 명이 사라졌다.

"도망갔네."

관리자들끼리 숙덕였다. 겨우 몇 시간 공작기계를 작동하는 일로 일을 포기하지는 않았을 것이다. 작업환경 때문에 일을 그만둔 건 아닐까. 함께 일한 다른 파견노동자들도 절삭유에 민감하게 반응했다. 불만이 터져 나왔고, 공장에서는 이튿날 몇 백 원짜리 얇은 고무장갑을 나눠줬다.

이 공장에서 일하는 내내 신경이 곤두섰다. 공장에서는 절삭유

절삭유가 묻은 스마트폰 몸체를 공작기계 속 틀에 넣고 빼는 일을 계속했다.

가 어떤 물질인지 단 한 번도 설명하지 않았고, 보호 장비도 부실하기 짝이 없었다. 일에 집중할 수 없었다.

공장의 환경 또한 열악하기 짝이 없었다. 환풍기는 없었다. 단지 공장에 몇 안 되는 창문을 열고 선풍기 한 대를 바깥을 향해 틀어놓았다. 아직 겨울 끝자락인데 나를 비롯한 파견노동자들은 난방도 안 되는 공장에서 몸을 움츠린 채 일했다.

손을 씻을 수 없다는 것도 힘든 일이었다. 밥을 먹으러 갈 때마다 공장 내에 있는 화장실을 찾았다. 수도를 틀었더니 물이 나오지 않았다. 날이 추워 물이 얼었다는 것이다. 물이 나오는 날에는 물이 너무 차가워 손이 얼얼할 정도였다. 화장실에 걸려 있는 유일한 수건은 새까맸다. 한 달은 빨지 않은 것처럼 보였다. 밥을 먹으면서 유해물질이 입으로 들어가는 게 아닐까 하는 생각으로 이어졌고, 밥도 마음 편히 먹을 수 없었다.

• • •

앞서 언급한 뉴스 속의 A와 나는 일주일 간격을 두고 똑같은 일을 했다. 유일한 차이는 내가 일한 공장에서는 절삭유를 사용했고, 그녀가 일한 공장에서는 메탄올을 사용했다는 것이다. 그 조그마한 차이는 큰 결과로 이어졌다. 그녀는 시력을 잃고 뇌 손상을 입었다. 나는 멀쩡했다. 내가 쓰러지지 않은 것은 단지 운이 좋았을 뿐이다. 마음을 쓸어내렸다. 나는 곧 메탄올을 내게 상관없는 일로 여겼다.

07

일당 1만 4000원

스마트폰 부품 가공 공장에서 닷새 일한 뒤, 두 번째 위장 취업 공장으로 고른 곳은 가습기와 공기청정기를 생산하는 공장이었다. 이름이 꽤 알려진 중견기업이었다. 이곳에 들어가기에 앞서 3월 2일 파견업체 '메인아웃소싱'을 찾았다. 직원 박 모 실장은 나를 비롯한 여러 지원자를 앞에 두고 시급 6140원, 주 6일 근무, 매일 3시간 잔업 따위의 얘기를 늘어놓았다. 근로계약서에는 '을은 사용사업장의 사정에 따라 연장 · 휴일 · 야간근로를 할 경우에는 이에 따라야 한다'라는 내용이 있었다.

역시 파견노동자에게 잔업과 장시간 노동을 거부할 권리는 없었다. 앞선 스마트폰 부품 가공 공장에서는 파견노동자들이 12시간씩 주야 맞교대로 일했다. 나 역시 오전 8시 30분에 출근해, 밤 8시 30분에 퇴근했다. 공장은 주말에도 불이 켜진다. 토요일에도 평일과 다를 바 없이 일하고, 일요일에는 8시간만 일한다. 일주일 동안 하루도 쉬지 않고 71시간이나 일한다. 법정 최장 근로시간인 52시간을 크게 웃도는 것이다. 특히 박근혜 정부가 행정해석 지침이라는 꼼수를 부려 최장 근로시간을 68시간으로 늘렸는데, 공장의 근무시간은 이마저도 뛰어넘었다.

2013년 10월 경북 구미의 삼성전자 스마트폰 부품을 만드는 하청업체에서 일하던 스물한 살의 파견노동자는 3개월 동안 그해 최저임금 시급 4860원을 받으면서 일주일에 평균 68시간씩 일하다가 숨졌다[5]. 쓰러지기 전 일주일 동안은 86시간이나 일했다. 8월에는 하루, 9월에는 사흘밖에 쉬지 못했다. 고인의 어머니는 이렇게 말했다.

"사용자의 악습을 고치고, 다들 (장시간 노동의) 위험성을 알 수 있었으면 좋겠습니다."

하지만 어머니의 바람은 이뤄지지 않았다.

• • •

박실장에게 질문을 던졌다.

5 '아무도 꾸지 않는 꿈, 장시간 노동 그리고 죽음' 〈뉴스민〉(2014년 3월 21일), '주 68시간 노동 22살 청년 故 유성우, 산업재해 승인 판정' 〈뉴스민〉(2014년 5월 10일).

"이곳에서 얼마나 일할 수 있나요?"

"파견으로 남고 싶어요? 말씀해주세요. 제가 알아서 처리해드릴게요."

"어떻게…?"

내 말이 끝나지도 않았는데, 그는 말했다.

"저희 소속이 아닌 다른 파견회사 소속으로 계속 일할 수 있어요."

이곳에서도 파견법은 휴지 조각이었다.

곧 박실장의 고급 승용차를 타고 공장으로 향했다. 공장 알림판에는 그날의 인원현황표가 붙었다. 친절하게 정규직과 파견노동자 명단을 공개했다. 내가 소속된 D라인에 정규직은 모두 7명이다. 나머지 25명은 파견노동자다. 파견노동자들은 각기 세 군데 파견업체 소속이다. 이곳 공장은 파견노동자 없이는 돌아가지 않는다.

곧 관리자의 명령에 따라, 이날 새로 들어온 파견노동자 20여 명이 줄지어 섰다. 각 라인의 관리자들은 우리 파견노동자들을 뜯어봤다.

"그 자리가 비었는데, 남자를 데려가야겠네."

"○○○ 씨가 남자를 부담스러워하던데…."

"그러면, 이 사람을 데려가야겠네."

선택된 사람은 그곳 관리자를 따라갔다. 노예시장이 이런 모습일까. 그렇게 하나둘 사라지고, 나도 어디론가 배치됐다.

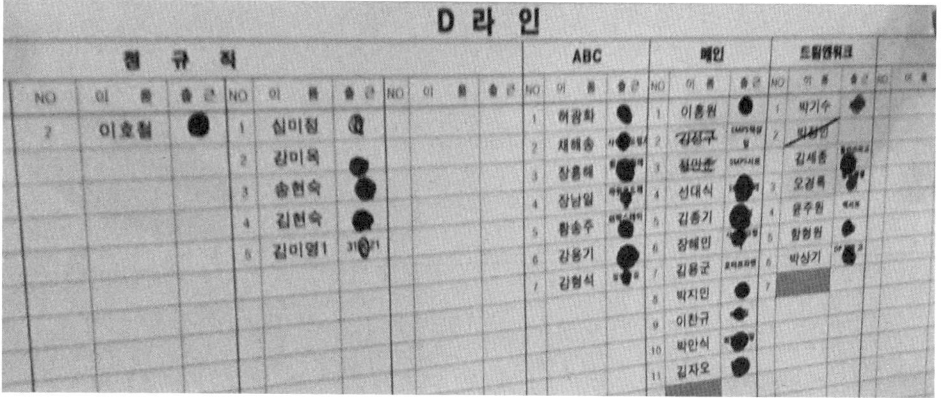

—공장 게시판에 붙은 그날의 인원현황표. 이곳 공장은 파견노동자 없이는 돌아가지 않는다.

일을 시작할 때 얇은 실장갑을 받았다. 금세 더러워지더니 한쪽이 닳아 떨어졌다. 관리자에게 새 장갑을 달라고 했다. 그는 나를 째려봤다.

“일주일에 하나 주는 거예요. 다음부턴 없어요.”

새로 받은 장갑 역시 곧 너덜너덜해졌고, 일을 그만둘 때까지 찢어진 장갑을 끼고 일해야 했다.

컨베이어 벨트 앞에 서서, 밀려오는 공기청정기 몸체를 기다렸다. 앞 작업자들이 부품을 하나씩 꽂았다. ‘나 때문에 작업이 늦어지면 어떡하지’ 하는 생각에 벌써 마른땀이 났다. 걱정이 컸는데 실제 그런 일이 일어났다. 나는 전동공구를 사용하지 않고 힘과 요령으로 부품을 조립한 후 공기청정기 몸체에 힘껏 꽂아야 하는 일을 맡았다. 처음 하는 일이다 보니, 일한 지 얼마 안 돼 손이 발갛게 달아올랐다. 내 작업이 밀려 뒤쪽 작업자들의 일이 차질을 빚자, 정규직 관리자가 내 일을 도왔다. 눈치가 보였다. 이러다 쫓겨나는 건 아닐까. 다행히 일은 곧 손에 익었다. 휴. 하지만 안도의 한숨도 잠시였다. 곧 작업자가 컨베이어 벨트를 움직이는 기계 버튼을 눌렀다. 덜컹 하는 소리와 함께 속도가 빨라졌다. 젠장. 포기하는 것도 쫓겨나는 것도 싫었다. 악착스럽게 일했다. 말 그대로 진땀을 뺐다.

나와 같은 일을 하는 중국 동포도 비슷한 상황이었다. 관리자한테 손이 아프다고 말했더니, "뭐가 아파요?"라는 타박이 돌아왔다. 그는 곧 화장실에 간다고 나가더니 그 뒤로 돌아오지 않았다. 중국 동포는 엄살을 부린 게 아니었다. 나는 이날 집에 가서 손으로 숟가락을 들 수 없었다.

일한 지 하루 만에 파견노동자들이 어떤 대우를 받는지 알 수 있었다. 컨베이어 벨트를 사이에 두고 맞은편에는 중년의 여성 노동자들이 있었다. 들어온 지 얼마 안 된 사람이 관리자한테 주말에 하루 쉬겠다고 말했다. 관리자는 비아냥거리듯 말했다.

"그렇게 쉬면 돈 못 벌어요."

승낙도 거절도 아닌 관리자의 말에 그녀는 입도 뻥긋 못 했다. 그 옆에 일한 지 오래된 노동자가 관리자를 거들었다.

"특별한 일 없으면 나와서 일해요. 여기 작업환경 좋잖아요. 예전에는 여자화장실 문짝이 없는 곳에서 일해봤어요. 계속 일해야지."

사흘째 되는 날에는 공장 2층 라인에서 일했다. 라인은 1층에서 시작해 2층으로 이어진다. 1층 라인에는 남성 노동자들이 전동드라이버 등으로 공기청정기와 정수기 등을 조립하고, 2층에서는 여성 노동자들이 후반 작업을 했다. 갑자기 공장이 시끄러워졌다.

"이런 개또라이들이 나를 화나게 해!"

그는 공장이 떠나가라 소리 질렀다.

"이게 그렇게 힘든 일이야!"

씩씩거리며 조립 라인을 뛰어다녔다. 조립 과정에 문제가 생긴 듯했다. 그 라인의 노동자들은 주눅 든 채 눈치를 살폈다. 살벌한 분위기 탓에 옆 라인에 있던 나 역시 움츠러들었다.

소리를 지른 이는 30대 중반으로 보이는 젊은 관리자였다. 그에게 혼쭐이 난 노동자 중에는 50대, 60대 여성 노동자가 많았다. 그들 중 상당수가 파견노동자다. 그들이 파견노동자가 아니었다면 젊은 관리자가 그렇게 험한 말을 하고 소리칠 수 있었을까.

이곳은 잘나가는 중견 기업 공장이다. 이 기업은 한국수출입은행이 선정한 '한국형 히든챔피언 육성대상기업' 명단에 올랐다. 이 회사가 성장한 바탕에는 불법 파견이 있다. 다시 말하면 바로 저임금, 장시간 노동, 비인격적 대우에 시달리는 파견노동자의 희생이 있다.

···

공장 컨베이어 벨트 앞에서 하루 8시간 꼬박 서서 일한 대가가

1만 4000원이라면, 그 대가가 온당하다고 할 수 있을까. 그렇지 않을 것이다. 하지만 나는 찍소리 못 했다. 다른 파견노동자도 마찬가지였다.

컨베이어 벨트에서 정신없이 가전제품을 조립하고 있는데, 내 앞에 있는 젊은 작업자 2명이 짜증 섞인 말을 내뱉었다.

"아, 일하기 싫네."

나와 같은 파견업체에서 온 파견노동자였다. 쉬는 시간, 이들 중 한 명이 내게 말을 걸었다.

"일 끝나고 업체에 따지러 갈 건데, 같이 가실래요?"

"네?"

"다른 파견업체에서는 작업복 값을 받지 않는대요."

그는 어리둥절한 표정을 짓고 있는 나를 앞에 두고, 씩씩거리며 말을 이었다.

"저는 군대에 다녀와 대학에 복학하기 전에 여기서 일하고 있는 거예요. 군대에 가기 전부터 파견 일을 많이 해봤어요. 그런데 작업복 값을 떼는 곳은 처음이었어요. 공장에 와서 다른 사람한테 물어보니까 그쪽 파견업체는 작업복 값을 안 뗀다는 거예요. 어이가 없어서…. 안 그래도 종일 서서 힘들게 일하는데 오늘 일당으로 1만 4000원 받는 게 말이 된다고 보세요? 화가 많이 나서 일을 못 하겠어요."

파견업체 메인아웃소싱에 간 첫날 박실장이 한 말이 떠올랐다. 그는 파견노동자들에게 동복과 방진복 등 작업복의 비용으로 3만

5000원을 임금에서 미리 떼겠다고 했다.

“여기 공장에서 일하려면, 동복과 방진복을 입어야 해요. 원래 방진복은 안 입어요. 그런데 오늘 해외 바이어가 온다고 하니까 입는 거예요. 며칠만 입고 안 입을 수 있어요. 어쨌든 3만 5000원을 공제할게요.”

이때가 3월 초였다. 동복을 사도 얼마 입지 못한다. 며칠 입지 않을 작업복 때문에 3만 5000원을 내야 한다니, 억울했다. 이곳 공장 시급은 6140원이다. 8시간을 근무하면 4만 9120원을 받는다. 작업복 값을 빼면 이날 하루 일한 대가는 1만 4120원인 셈이다.

박실장은 한 달 이상 근무하면 작업복 값을 떼지 않겠다고 제안했다. 하지만 파견노동자들은 저임금, 장시간 노동, 고용 불안, 힘든 작업, 비인격적 대우 탓에 일찍 그만두는 경우가 많다. 파견노동자들은 박실장의 제안이 못마땅했다. 이곳 공장은 중견기업으로, 영세한 업체보다는 근무 여건이 그나마 낫다. 파견노동자들은 울며 겨자 먹기로 그의 제안을 받아들였다.

• • •

휴학생 파견노동자 둘은 퇴근 후 파견업체를 향해 차를 몰았다. 나도 동행했다. 그들은 파견업체 문을 박차고 들어갔다. 박실장은 없었다. 이들은 그 자리에서 박실장에게 전화를 걸었다.

“다른 파견업체에서는 작업복을 공짜로 주는데, 여기는 어떻게 저희한테 3만 5000원에 팔 수 있어요? 우리가 왜 돈 주고 사야 하냐고요?”

“일도 안 맞고 오늘 1만 4000원만 준다는 게 이해가 안 돼요. 일 그만둘게요.”

이어 흥분한 박실장의 목소리가 휴대전화 밖으로 삐져나왔다. 박실장은 일하기 싫어서 작업복 값 핑계를 대는 것 아니냐는 투로 맞받았다. 날카로운 말들이 오갔고, 박실장은 작업복을 반납하면 절반만 떼겠다고 제안했다. 젊은 파견노동자들은 분통을 터트렸다.

“작업복을 몇 시간만 입었는데, 돈을 내라고요?”

실랑이가 이어지자, 박실장과 함께 사무실을 쓰는 조실장이 나섰다. 그는 작업복 값을 떼지 말고 일당을 모두 내어주라고 박실장을 설득했다. 결국 일당을 모두 받게 된 두 파견노동자는 다른 회사를 알아보겠다면서 돌아갔다.

나는 박실장과 통화하면서 며칠 더 일하겠다고 했다. 박실장은 내게 하소연을 늘어놓았다.

“공장에서 작업복을 제공하면 이런 일이 없겠지만, 그렇지 않으니 이런 일이 벌어지는 거예요.”

그는 파견업체도 어렵다고 했다.

“관리비로 파견노동자 임금의 8퍼센트를 받아요. 파견노동자가 5만 원을 받으면, 저희는 4000원을 가져가요. 이 돈으로 광고비와 사무실 운영비를 내는데, 저희도 어려워요.”

그는 내게 작업복 값을 받지 않겠다고 했다.

"다른 사람들한테는 알리지 마세요."

며칠 뒤 일을 관두었을 때, 파견업체는 약속과 달리 작업복 값을 떼어갔다. 그날 내가 하루 일해서 받은 돈은 1만 4120원이었다.

파견노동자는 서럽다. 저임금과 장시간 노동에 지친 파견노동자는 작업복 값을 떠넘기는 공장과 파견업체에 또 한 번 상처를 받는다.

08

해고가 자유로운 세상

공장 한편 알림판에 종이 한 장이 나붙었다. 언뜻 보니 관리자들이 주고받은 메일 내용이었다. 알림판 앞은 공장의 모든 노동자가 아침마다 모이는 곳이다. 얼마나 중요한 내용이기에 인쇄까지 해서 붙여 놓았을까. 차근차근 읽어내려갔다.

'신입 작업자가 많아서 불량이 많이 난다는 말은 핑계입니다. 작업자들에게 정확히 작업하는 방법, 검사 방법 등을 알려주면 어쩌면 그 사람들은 무식하리만큼 충실히 수행을 합니다.'

파견노동자들을 칭찬하는 것인지 아닌지 모르겠지만 마음이 찝찝했다. 굳이 모두가 보는 알림판에 왜 이런 걸 붙여놓았을까.

'오래 다닌 정규직이라고 무조건 끌고 가지 말고 일을 잘 못 하

면 정리를 하고….'

이제야 알았다. 정리해고를 하겠다는 경고였다. 출근길 알림판에 눈길을 주었을 정규직 노동자들은 가슴이 덜컥 내려앉지 않았을까. 이어지는 이메일 내용은 이렇다.

'정규직이 아니더라도 일을 잘하면 정규직 전환을 시켜서 육성하도록 합시다.'

공장의 속내가 빤했다. 이곳 공장에는 정규직보다 파견노동자가 더 많다. 공장 쪽은 '정규직 전환'을 미끼로 파견노동자의 생산성을 올리려고 한다. 누군가는 미끼를 물었을 것이다.

• • •

이 공장에서 해고는 일상이다. 시계를 돌려, 2015년 6월로 가보자. 당시 공장에는 이상한 소문이 돌았다. 회사가 파견노동자 모두를 해고한다는 내용이었다. 직원 360여 명 가운데 파견노동자는 150명가량이었다. 한 파견노동자는 이런 의문을 가졌다.

'회사가 어려운 것도 아닌데, 왜 해고할까?'

그는 곧바로 파견업체에 연락했다.

"다 그만두어야 한다는 말이 있는데, 사실인가요?"

"네. 파견 전부 그만둬야 해요. 회사로부터 통보가 왔어요."

충격이었다. 입사한 지 3개월 만의 해고다. 억울했던 그는 안산시비정규직노동자지원센터 문상흠 노무사를 찾았다. 얘기를 들

다시 이야기 하지만
생산수량도 중요하지만 품질문제 발생하지않도록 라인철저히 관리 바랍니다.
생산인원도 오래 다닌 정규직 이라고 무조건 끌고 가지 말고 일을 잘 못하면 정리를 하고
정규직이 아니더라도 일을 잘하면 정규직 전환을 시켜서 육성 하도록 합시다.
생산도 가능한 수출을 숙달된 라이에서 작업을 하고 ....물론 어디서 하든 문제가 없어야 하지만....
3,4,5,6월은 우리 1년중 가장 바쁜 시기입니다.
생산수량 만드는 것도 힘겨운 시기이므로 재작업등이 발생하지 않도록 그 어느때보다 긴장해서 업무진행 바랍니다.

—공장 알림판에 관리자들이 주고받은 이메일 내용이 붙었다. 정리해고와 '정규직 전환' 내용이다.

은 문노무사는 혀를 찼다.

문노무사는 이미 한 달 전, 중부지방고용노동청 안산지청에 불법으로 파견노동자를 사용하던 이 회사를 처벌해달라고 요구했다. 회사는 처벌을 피하고자 파견노동자 해고를 선택한 것이다. 이 같은 조치 또한 파견법 위반이다. 불법 파견의 경우, 회사는 파견노동자를 직접 고용해야 한다.

문노무사는 재차 이 회사를 고발하는 진정서를 냈다. 거듭된 고발에 부담을 느낀 회사는 이 파견노동자에게 정규직 채용을 제안했다. 그는 정규직이 됐다. 하지만 이미 나머지 파견노동자는 모두 잘린 뒤였다.

이곳 공장에서 생산하는 제품의 특성에 따라, 공장 라인은 봄에 가장 바쁘게 돌아간다. 이때 파견노동자를 채용한다. 일감이 줄어

드는 다른 계절에는 파견노동자를 자른다. 매년 반복되는 일이다. 파견노동자들은 정규직 전환이 희망 고문이었다는 것을 그제야 깨닫는다.

우리나라처럼 사회 안전망이 부실한 나라에서 해고는 사회적 살인에 비유된다. 대량 해고는 그만큼 큰 사회적 문제로 떠오른 지 오래다. 우리나라를 통틀어 파견노동자가 가장 많은 반월 · 시화공단에서 해고는 일상이 됐지만, 나랏일 하는 분들 중 여기에 관심을 쏟는 사람은 많지 않다.

위장 취업을 하면서 많은 파견노동자를 만났다. 서른 살의 한 파견노동자는 몇 년 전 처음 해고됐을 때를 잊지 못한다고 했다.

"밤 9시까지 일하고 퇴근해 집 현관문을 열려고 하는데, 파견업체 사장으로부터 연락이 왔어요. '일했던 라인이 오늘이 마지막이었으니, 내일 출근하지 마세요'라고 했어요. 한동안 멍하니 서 있었죠. 함께 일한 동생에게 연락했더니, 이렇게 말하더라고요. '언니, 원래 이런 거예요.'"

2004년부터 반월 · 시화공단에서 파견 노동을 한 정 모 씨는 2014년에 겪은 일을 잊을 수가 없다. "치사하고 아니꼽고 더러운 일이에요" 하면서 운을 뗐다.

그해 가을의 일이다. 정씨가 다닌 소형 가전제품 공장은 파견노동자들에게 작업복을 주지 않았다. 파견노동자가 알아서 작업복을 구해야 했다. 어느 날 작업복이 지급됐다. 알고 보니, 이튿날 공장에서 회장님이 출연하는 생방송 프로그램이 진행되기 때문이었다. 방송 시간에 맞춰 파견노동자들은 오전 7시부터 일했다.

며칠 뒤 관리자는 작업복을 다시 거둬 갔다. 그날 저녁 퇴근을 3분 앞두고 관리자는 파견노동자들을 불러 모았다.

"내일부터 나오지 마세요."

당황한 정씨는 파견업체를 찾았다.

"왜 해고하느냐고 물었더니, '나도 몰라요'라는 답이 돌아왔어요. 알고 보니 파견노동자 200여 명이 하루에 다 잘린 거더라고요. 이게 파견노동자가 처한 현실이에요."

· · ·

일상적인 해고는 몇몇 악질 회사만의 일일까? 잠깐 내가 위장취업을 했던 세 번째 공장 얘기를 해보면, 그곳은 반월·시화공단에서 파견노동자가 들어갈 수 있는 가장 크고 좋은 회사다.

이 회사는 삼성전자나 애플 같은 세계적인 스마트폰 제조회사들의 협력업체다. 한 해 수천억 원의 매출을 올리고, 몇 해 전에는 1조 원에 가까운 매출을 기록했다.

이 회사에 들어가는 건 의외로 쉽다. 이 회사는 파견노동자를 끊임없이 채용한다. 내가 문을 두드린 파견업체는 일주일에 한 번씩 수십 명의 파견노동자를 이 회사로 실어 나른다.

나 역시 면접을 보기 위해 파견업체 차량을 타고 이 회사의 1층 식당으로 향했다. 면접은 식당에서 진행됐다. 여러 파견업체에서 데려온 파견노동자들이 식당 한편을 차지했다. 대부분 20대로 보였다.

면접은 형식적이었다. 면접관은 면접자들에게 "전자회사에 다녀본 적이 있어요?"라고 물었다. "네"라고 답한 이들은 "그때와 같은 일을 할 수 있어요?"라는 질문을 받았다.

나는 자기소개서에 지금껏 서비스업 쪽에서 일했다고 적었다. 면접관은 내게 "생산직을 할 수 있겠어요?"라고 물었고, 나는 "네"라고 답했다. 함께 면접을 본 사람 중에는 서울이나 멀리 광주에서 온 이들도 있었다. 광주에서 온 청년은 면접에서 "꼭 일하고 싶습니다"라고 호소했다.

면접을 보고 몇 시간이 흘러, 파견업체에서 합격했다는 문자메시지를 받았다. 입사일은 며칠 뒤라고 했다. 아마 함께 면접을 본 이들 대부분이 같은 문자를 받았을 것이다.

이 회사는 일주일가량 신입직원 교육을 진행한다. 이 기간을 거쳐 실제 업무에 투입된다. 그렇게 되면 한 달로 정한 위장 취업 기간을 넘어서는 것이라, 일을 할 수 없었다. 파견업체 담당자에게 사정상 입사할 수 없다는 문자메시지를 보냈다. 곧바로 답장이 왔다.

"네~."

일주일에 수십 명이 입사하는 회사, 뭔가 이상하다. 새로 공장을 세우거나 라인을 늘리는 것도 아닌데, 왜 이렇게 많은 파견노동자가 필요할까. 이곳에서 일했던 파견노동자들과 연락이 닿았다. 그들에게서 공장에서 무슨 일이 벌어지고 있는지 들었다.

스물아홉 살의 김 모 씨는 몇 년 전에 겪은 일을 생각하면, 아직도 좌절감에서 빠져나오기 힘들다. 김씨는 2013년 9월 이곳에 파견노동자로 들어갔다. 고졸 출신으로서 번듯한 정규직 자리를 구하기 어려웠던 그에게 입사는 행운이었다.

하지만 그는 일한 지 3개월도 안 돼 잘렸다. 그해 11월 회사가 어렵다는 이유로 해고 통보를 받았다. 그가 일했던 라인의 C조에서 파견노동자만 모두 잘렸다. A조에서는 더 잔인한 일이 벌어졌다.

"A조 조장이 파견노동자만 모이라고 했어요. 파견노동자들에게 가위바위보를 시켰어요. 여기에서 진 사람만 해고했어요. 친한 형도 해고됐는데, 큰 충격을 받았죠."

누군가는 파견노동자라는 이유로 잘렸고, 또 다른 누군가는 가위바위보에서 졌다는 이유로 회사에서 쫓겨났다.

"정규직 되려고 눈치 보면서, 남들 쉴 때 일했어요. 일하면서 언제 잘릴지 몰라 불안했는데, 결국 해고됐잖아요. 저도 그렇고, 그때 해고된 사람들은 말 한마디 못 하고 받아들였어요. 그때 너무 암담하고 힘들었어요."

김씨는 그 뒤로는 절대 파견노동자로 일하지 않겠다고 다짐했다.

스물여덟의 유 모 씨는 2014년 이 회사에서 잘렸다. 그는 하루 12시간씩 현미경으로 연성회로기판(FPCB)을 검사하는 일을 맡았다. 한 달에 두 번 쉬었다. 고된 일이었다.

하루는 회사에 출근하려는데 외할아버지가 돌아가셨다는 소식을 들었다. 유씨는 조장에게 연락해 이 사실을 알렸다.

"외할아버지 장례식을 도와드려야 하고, 발인까지 보려면 3일 동안 회사에 못 나올 것 같아요."

"3일 무단결근이면 자동 퇴사야."

유씨는 당황했다. "외할아버지가 돌아가셔서 회사에 못 나오는데 어떻게 결근인가요?"라고 반문했지만, "남자들도 예비군 훈련을 가면 자동 퇴사야"라는 답이 돌아왔다.

유씨는 발인을 보지 못하고 출근했다. 이튿날 아침 조회 때 조장은 다른 직원들이 보는 앞에서 유씨를 불러 혼쭐을 냈다.

"외할아버지가 죽었는지 안 죽었는지 어떻게 알아. 외할아버지가 돌아가셨다고 안 나오면 그만이야?"

유씨는 언니로부터 외할아버지의 사망신고서를 팩스로 전달받아 조장에게 제출했다. 서러운 눈물을 흘렸다. 그녀는 이런 수모를 겪으며 6개월을 버텼다. 그러나 그녀에게 돌아온 것은 해고였다.

어느 날 퇴근하려는데, 파견업체한테서 해고 통보를 받았다. 허무함이 몰려왔다.

'내가 왜 여기서 일했을까.'

지난 2013년 안산시비정규직노동자지원센터가 반월 · 시화공단 파견노동자 623명을 대상으로 파견 노동 실태에 대한 설문조사를 한 결과, 퇴사 사유는 '낮은 임금'(23.5퍼센트) '구조조정'(17.4

퍼센트) 순이었다. 이들이 바라는 것 역시 '임금 인상'(48.1퍼센트)과 '고용 안정'(34.9퍼센트)이 압도적으로 많았다. 임금 인상과 고용 안정이라는 파견노동자들의 바람은 언제쯤 이뤄질까.

09

눈앞에 메탄올이 나타났다

공기청정기 공장 1층 조립 라인에서 며칠 일한 뒤, 2층 라인에서 스티커가 잘못 붙여진 공기청정기의 겉면을 깨끗이 닦는 일을 맡았다. 투명한 액체가 담긴 분무기와 헝겊을 받았다. 알코올 냄새가 났다. 공기청정기에는 스티커 자국이 남아 있어서 어지간해서는 깨끗이 닦기 힘들었다. 그럴수록 분무기의 손잡이를 힘껏 눌렀다. 그러면 깨끗이 닦는 데 조금 수월했다. 얼마 뒤 분무기에 쓰인 문구를 보고 소리를 지를 뻔했다.

'메틸알코올—유해물질'

일전에 인터넷 기사에서 읽은, 파견노동자들의 시력을 빼앗은 바로 그 물질이 눈앞에 나타난 것이다. 숨이 막히고, 손이 떨렸다. 많은 양의 메탄올이 공기 중에 떠다니면서 입과 코 안으로 들어간 뒤였을 것이다. 문구를 더욱 자세히 살펴봤다.

흡입 : 필요시 인공호흡
피부 접촉 : 완전히 제거될 때까지 물로 세척
눈 접촉 : 즉시 씻을 것
섭취 : 의식이 있고 경련을 일으키지 않는다면, 구토를 야기할 것

무시무시한 문구였다. '이 정도 메탄올은 괜찮을 거야' 하고 자기 주문을 걸면서 일했다. 솔직히 당장 도망가고 싶었다. 다행히, 나는 얼마 뒤 다른 업무를 배정받고 맞은편 라인으로 옮겼다. 내 자리에는 옆에 있던 중국 동포가 들어섰다. 그는 연신 분무기 손

잡이를 힘껏 눌러 공기청정기를 닦았다.

그나마 내가 있는 라인은 나은 편이었다. 내가 있는 곳 10미터쯤 뒤에는 밀폐된 좁은 공간에서 품질 검사를 하는 곳이 있다. 그곳에서는 알코올 냄새가 났다. 메탄올이 든 분무기가 여기저기 널려 있었다. 나야 잠시 위장 취업을 하는 거라 곧 떠나지만, 오랫동안 이곳에서 일하는 이들은 매일 메탄올을 흡입했을 것이다.

메탄올 중독 실명 사건 이후 화학물질 산업재해에 대한 관심이 높아졌을 때다. 하지만 회사는 노동자들에게 공장에서 사용되는 물질이 무엇인지 알려주지 않았다. 당연히 송기마스크를 비롯해 보안경, 화학물질용 보호복 · 보호장갑 · 보호장화 등 개인 보호 장비도 지급되지 않았다. 눈, 코, 입은 고스란히 메탄올에 노출됐다.

안전보건공단은 메탄올 중독 실명 사건이 발생하자 '화학물질 안전보건관리 십계명'을 발표했다. 십계명 중에서 당장 확인할 수 있는 것은 여섯 가지였다. 그중 '실내작업장에서 흡연 · 취사 금지'를 제외하면, '물질안전보건자료(MSDS) 비치'[6] '노동자에 대한 교육 실시' '화학물질 발산원 밀폐' '개인 보호구 지급' '세척 시설 설치'는 이뤄지지 않았다. 공장에서는 그 누구도 나를 지켜주지 않는다는 생각이 들었다. 생각해보니, 파견노동자는 이 회사의 가족이 아니었다.

---

6 산업안전보건법 41조에 따르면, 특정 화학물질을 다루는 공장의 사업주는 취급 주의 사항, 유해성, 위험성 등을 담은 물질안전보건자료를 노동자들이 쉽게 볼 수 있는 장소에 게시하거나 갖춰 두어야 한다.

• • •

메탄올에 시력을 잃은 파견노동자들은 단지 운이 없는 사람들일까. 중견기업 공장도 이럴진대, 영세기업 공장에서는 메탄올이 얼마나 광범위하게 쓰일까. 당연히 제대로 된 보호 장비는 지급되지 않을 것이다.

산업안전보건법은 노동자의 보호 장비 착용과 국소배기장치 설치 등을 명시하고 있다. 하지만 많은 사업주에게 파견노동자의 안전은 관심 밖이다. 돈벌이가 우선이다. 보호 장비나 국소배기장치는 돈벌이에 도움이 되지 않는다.

몇 년째 반월 · 시화공단에서 일하고 있는 서른두 살의 김 모 씨를 만났을 때 들은 얘기다.

“제가 다닌 회사는 인건비를 최대한 낮추기 위해 파견노동자를 뽑고, 각종 기계 안전장치에는 투자하지 않는 곳이었어요. 제 오른쪽 손가락이 날카로운 철에 베여 피가 철철 났는데도, 관리자는 왼손으로 일하라고 했어요. 쉬겠다고 하니, ‘우리 회사랑 안 맞는 것 같네요’라고 하더라고요. 어떤 아저씨는 프레스에 오른팔이 잘렸어요. 두 아들이 대학생이라, 이 위험한 공장에서 계속 일해야 했어요. 산업재해가 늘자 회사는 안전장치에 투자하기는커녕 무당을 불러 굿을 했어요.”

• • •

위장 취업이 끝난 뒤, 메탄올 중독 실명 사건을 다룬 기사를 뒤졌다. 노동건강연대의 박혜영 활동가가 피해자를 돕고 있다고 했다. 박활동가에게 전화를 걸어 피해자와 만날 수 있는지 물었다. 박활동가는 완곡히 거절의 뜻을 밝혔다.

"피해자들이 심리적으로 기자를 만날 수 있는 상황이 아니에요."

아마도 수많은 기자가 진작 똑같은 질문을 던졌을 테고, 박활동가 역시 똑같은 답변을 했으리라.

다만 박활동가는 메탄올 중독으로 시력을 잃은 한 파견노동자의 이야기를 들려줬다. 뒤에 알고 보니 진희씨의 사연이었다. 박활동가는 진희씨의 부모가 기초생활수급자라고 했다.

어려운 가정환경에서 진희씨가 최저임금을 받는 파견노동자로 일한 대가는 끔찍한 산업재해였다. 산재보험 요양 · 휴업급여를 산정하는 데 기초가 되는 것은 노동자가 받은 평균임금이다. 최저임금을 받는 파견노동자는 가장 낮은 요양 · 휴업급여를 받는다. 안타까운 현실이다.

내가 위장 취업을 하면서 겪은 일들을 알리고, 메탄올 중독 실명 피해자들도 만나고 싶었다. 하지만 때가 아니었다. 기다리기로 했다. 피해자들이 자신의 이야기를 세상에 알릴 준비가 될 때까지. 그때는 그들의 이야기가 우리 사회의 파견 노동과 산업재해 실태를 고발하고 제도적인 개선을 이끌어내는 단초가 될 수 있을 것이다. 그날이 오면, 우리 사회는 그들을 제대로 위로할 수 있지 않을까.

• • •

2~3월 위장 취업을 진행한 후, 5월부터 다음 스토리펀딩에 '불법파견 위장취업 보고서'라는 이름으로 기획기사를 썼다. 6월 중부지방고용노동청 안산지청은 '안산 · 시흥 지역 파견근로자 보호 종합대책'을 내놓았다. 얼마 뒤, 조익환 지청장은 내게 메일을 보내왔다.

'앞으로 제 나름대로 최선을 다해 취약 계층 근로자 보호에 노력하려고 합니다. 그를 통해 안산 · 시흥 지역의 고용 시장을 안정시키고 근로자들이 행복한 지역이 되도록 하고자 합니다. 기자님의 도움을 받아 같이 노력하면 더욱 큰일을 할 수 있을 것입니다.'

얼마 뒤 지청장을 직접 만났고, 그는 불법 파견을 막기 위해 최선을 다하겠다고 밝혔다.

7월부터는 고용노동부가 나섰다. 12월까지 파견 · 사용업체 1346곳을 감독했다. 결과는 충격적이었다. 12월 22일 고용노동부가 발표한 자료에 따르면, 감독한 업체의 89.2퍼센트인 1200곳에서 모두 4119건의 위법 사항이 적발됐다. 특히 100곳의 사용 업체에서 2642명의 불법 파견노동자를 사용한 사실이 드러났다. 앞으로는 불법 파견이 사라질 수 있을까. 여러 취업 정보 사이트에 제조업 파견 일자리를 검색해보니, 수두룩하게 나왔다.

시력 잃은 청년들을 만나다

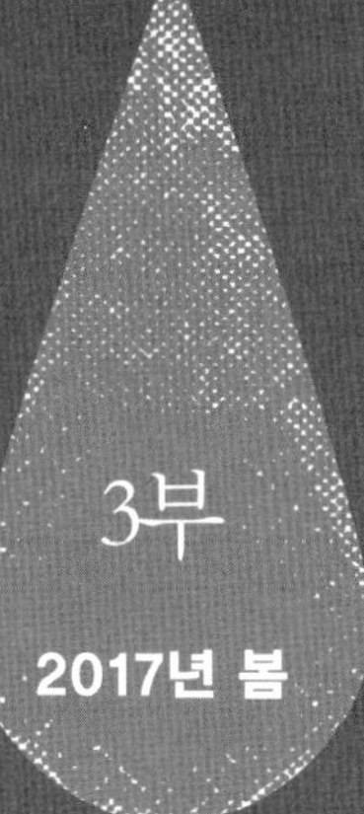

3부

2017년 봄

"밤샘 근무하고 아침에 집으로 돌아와 자고, 오후에 일어나서 밥 먹고 회사에 갔어요. 그런 삶을 살았어요. 남들은 20대 때 추억이 많잖아요. 저는 없어요. 공장에서 일밖에 안 했으니까. 놀 줄도 몰라요."

10

가해자들은 어떤 처벌을 받을까

정훈씨와 영신씨가 국회 정론관에서 기자회견을 한 이튿날인 2016년 10월 13일, 경기도의 한 시청에서 내 기사를 보고 피해자들을 후원하고 싶다는 의사를 전달해왔다. 때가 잘 맞았다. 곧바로 박혜영 활동가에게 전화해, 시청 담당자의 연락처를 전달했다. 뒤이어 피해자들을 만나고 싶다는 본심도 함께 전했다.

"피해자들은 여전히 현실을 받아들이지 못하고 있어요."

박활동가의 답은 이번에도 같았다. 아쉬웠지만 마음을 접었다. 뒷날 시청 관계자는 피해자들이 산재보험 혜택을 받고 있다는 이유로 그들을 도울 수 없다는 입장을 박활동가에게 전해왔다.

그해 늦가을부터 광장은 뜨거워졌고, 나 역시 정신없는 시간을 보냈다. 겨울부터는 헌법재판소에서 대통령 탄핵 심판을 취재했다. 파견 노동의 현실에 신경 쓸 겨를이 없었다. 2017년 봄 안식월 휴가가 예정돼 있었다. 그때 휴가를 반납하고 메탄올 중독 실명 피해자를 취재하면 어떨까 하는 생각이 떠올랐다. 큰 기대는 하지 않고 박혜영 활동가에게 전화를 걸었다. 피해자들의 상태를 묻고 취재가 가능한지 물었다. 후원 모금 사이트인 다음 스토리펀딩에도 글을 올려 후원을 이끌어내고 싶다고 했다. 박활동가는 검토해보겠다고 답했다. 혹시나 했는데 역시나였다. 그 뒤로 일주일이 지나도 답이 없었다. 나는 박활동가에게 다시 전화를 걸었다.

"검토해봤는데요. 하기로 했어요."

1년 만에 들은 대답이었다. 헌법재판소의 대통령 파면 여부 결정을 이틀 앞둔 2017년 3월 8일 서울시청 뒤편 허름한 고깃집에서 만났다. 우리는 쌈밥을 먹으면서 이야기를 나눴다. 박혜영 활동가는 피해자들의 상황이 바뀌었다고 했다. 박활동가에 따르면, 호남씨의 눈을 멀게 한 가해자가 합의를 요청했다. 눈을 앗아간 대가로는 터무니없이 적은 합의금을 제안했고, 호남씨 가족은 무척 화가 났다고 했다. 아예 합의 얘기도 듣지 못한 다른 피해자 가족들 역시 분통을 터트리고 있는 상황이었다. 원청인 삼성전자와 LG전자가 나 몰라라 하며 방관하는 상황도 참을 수 없었다. 박활동가는 피해자 가운데 한 명과 함께 6월 스위스 제네바에서 열리는 유엔인권이사회에 갈 계획을 세웠다. 피해자들과 박활동가는 이런 상황을 세상에 알리고 싶었고, 그러려면 유엔인권이사회에 참여할 경비를 마련해야 했다.

“후원 목표치는 최소 1000만 원이고, 더 할 수 있으면 하자는 쪽입니다. 근데 진짜 모일까요?”

박활동가의 말에 쉽게 답할 수 없었다. 2016년 5~6월 다음 스토리펀딩에 연재한 ‘불법파견 위장취업 보고서’의 후원금은 240만 원이었다. 뉴스가 공짜인 시대에 500명에 가까운 사람들이 내게 소중한 후원금을 보내왔다. 240만 원도 적은 돈이 아니었다. 그런데 1000만 원이라니. 부담 백배였다.

“제가 좋은 기사를 써야겠네요.”

이 말밖에는 할 수가 없었다. 최선을 다한 뒤 결과를 기다리는 수밖에. 박혜영, 전수경 활동가와 만난 뒤 기획을 가다듬었고, 4월부터 두 달 동안 매주 한 편씩 총 십여 편을 연재하는 것으로 결정했다. 3월 말부터 피해자들을 직접 만나기로 했다. 사진은 오마이뉴스 후배 기자의 남자친구인 민석기 작가가 맡기로 했다. 영상도 만들기로 했는데, 민석기 작가가 찍고 조완웅 디자이너가 편집을 해주기로 했다. 이로써 드림팀이 모였다.

나는 조심스럽게 피해자들에게 직접 전화해 만나자고 했다. 그들과 만나면서 누가 청년의 눈을 멀게 했는지 추적했고, 진실이 조금씩 드러나기 시작했다. 그리고 세상의 관심이 흐려진 뒤 가해자는 면죄부를 받고, 피해자는 보상을 받지 못하고 고통을 호소하는 현실을 기록했다.

· · ·

박혜영 활동가와 나는 피해자들을 취재하는 것과 함께 가해자들이 어떤 처벌을 받는지 살펴보는 데도 힘을 쏟았다. 산업재해를 일으킨 기업이나 사업주들은 지금껏 가벼운 처벌을 받았다. 기업이 산업재해에 경각심을 갖지 않는 이유 중 하나다. 산업재해가 발생하면 기업이나 사업주에 큰 형사적 책임을 물리는 '기업살인법'을 도입해야 한다는 이야기가 나오는 것도 이 때문이다. 노동건강연대가 10년 넘게 주장해왔지만, 아직 법으로 만들어지지 못했다.

앞서 박활동가가 가해자들의 재판 진행 상황을 알아내기까지 지난한 과정을 겪었다. 피해자들은 재판 진행 상황을 알지 못했다. 가해자를 수사한 중부지방고용노동청이나 검찰이 알려주지 않은 탓이다. 엄한 처벌을 해달라는 탄원서도 법원에 내지 못했다.

박활동가는 수많은 전화 통화 끝에 겨우 법원 사건번호를 확인할 수 있었다. 이후 여러 경로를 거쳐 재판 진행 상황을 확인했다. 답답함이 밀려왔다.

파견사업주의 재판은 모두 끝났다. 다들 파견법 위반으로 유죄를 받았지만, 그 누구도 실형을 받지 않았다. 대부분 정식재판 절차를 거치지 않는 약식명령에 따라 수백만 원의 벌금형에 처해지는 데 그쳤다. 정식재판에 넘겨진 누리잡 대표 이 모 씨와 세울솔루션 대표 이 모 씨는 똑같이 징역 6월, 집행유예 1년을 선고받았다. 누리잡은 이현순 씨와 방동근 씨를 YN테크에 보냈고, 세울솔루션은 양호남 씨를 덕용ENG에 보냈다.

이씨에게 집행유예는 어떤 의미일까. 공무원이거나 보통의 직장인이라면 징계라도 받겠지만, 사업을 운영하는 그에겐 그런 불이익도 없을 것이다. 그렇다고 감옥에 가는 일도 없다. 유죄에 따른 불이익이 없는 것이나 마찬가지였다. 이씨가 항소를 하지 않은 건 당연한 일이다.

메탄올 중독 실명 피해자를 직접 파견하지는 않았지만, 조사 과정에서 다른 파견노동자들을 불법으로 파견한 것으로 드러난 파견사업주들은 기소유예 처분을 받았다. BK테크에 파견노동자를 보낸 곳은 이진희 씨와 전정훈 씨의 파견업체인 드림아웃소싱과 대성컴퍼니 말고도 도아솔루션, 씨엔제이투, 하늘컴퍼니라는 업체도 있었다. 이들 업체의 운영주들은 모두 파견법을 위반했지만, 검찰은 이들 업체가 폐업해 운영주를 처벌할 필요성이 높지 않다는 이유를 들어 기소유예 처분을 내렸다.

파견사업주보다 더 큰 책임을 지닌 진짜 가해자는 사용사업주다. 고용노동부는 YN테크, BK테크, 덕용ENG를 운영한 가해자들이 재판을 받고 있다는 사실 정도만 파악하고 있었다. 나는 이들의 재판을 추적하기로 했다. 법원, 검찰청, 고용노동부, 국회의원실 등에 연락하며 확인했다. 결과는 어땠을까.

YN테크의 실소유주인 석 모 씨는 이미 지난 2월 인천지방법원 부천지원에서 판결을 받은 뒤였다. 징역 1년, 집행유예 2년, 80시간의 사회봉사였다. 석씨도, 검찰도 항소하지 않아 1심 판결로 모든 재판이 끝났다.

허탈했다. 이 회사에 다녔던 현순씨와 동근씨는 시력을 잃었다. 특히 동근씨는 밤과 낮만 구분하는 암흑 속에서 살고 있다. 석씨가 받은 처벌로 정의가 실현됐다고 말할 수 있을까.

덕용ENG의 실소유주 조 모 씨도 같은 달 같은 법원에서 판결을 받았다. 그는 두 차례 재판에 넘겨졌다. 첫 번째 재판에서는 파견법과 산업안전보건법을 위반해 호남씨와 영신씨의 시력을 앗아간 죄로 징역 2년, 집행유예 3년을 선고받았다. 검찰은 앞선 공판에서 징역 3년을 구형했다. 집행유예가 나오자 검찰은 항소했다.

• • •

4월 12일 오전 10시 인천지방법원 부천지원에서 조씨의 다른 재판 1심 선고가 예정됐다. 이번 재판은 덕용ENG에서 여러 업체의 불법 파견이 드러나면서 진행된 것이다. 같은 날 오전 11시 부천지원과 10킬로미터가량 떨어진 인천지방법원에서 BK테크 대표 안씨의 재판이 있다는 사실을 확인했다.

그날 두 곳의 법정을 찾아가기로 했다. 조씨와 안씨를 만나면 피해자를 대신해 묻고 싶었다. "책임을 인정하십니까?"라고.

그날 부천지원에 미리 도착했다. 법정에서 판사는 사건번호를 불러 피고인을 피고인석에 세우고 판결문을 읽었다. 각각의 판결은 몇 분밖에 걸리지 않았다. 법정 안에는 수십 명의 피고인이 있었다. 한 명씩 판사로부터 선고를 받고 법정을 빠져나갔다. 판사 한 명이 선고를 내린다는 건, 모두 가벼운 범죄라는 뜻이다. 조씨가 저지른 파견법 위반도 가벼운 범죄에 속했다.

법정에 몇 명 남지 않았을 때, 판사가 조씨의 이름을 불렀다. 여러 차례 불렀는데 그는 나타나지 않았다. 판사는 다른 사건들의 선고를 마무리한 뒤 재차 조씨를 불렀지만, 그의 모습을 볼 수 없었다. 판결 선고가 이뤄지는 법정에 나타나지 않는 조씨의 대범함에 깜짝 놀랐다. 그가 자신이 저지른 죄를 얼마나 가볍게 생각하는지를 본 것 같아 씁쓸했다. 판사는 그날 형량을 밝히지는 않았다. 얼마 뒤 징역 6월, 집행유예 2년이 적힌 판결문을 확인했다. 조씨도 검찰도 항소하지 않았다.

곧바로 택시를 타고 인천지방법원으로 향했다. 가까스로 오전 11시 410호 법정에 도착했다. 박혜영 활동가가 미리 와 있었다. BK테크에서 일하다 시력을 잃은 정훈씨도 함께하기로 했지만, 조금 늦는다고 했다. 재판은 빠르게 진행됐다. 각 사건의 재판은 5~10분 만에 끝났다. 곧 전정훈 씨가 피해자로 이름을 올린 사건의 재판이 시작됐다. 피고인석에 BK테크 대표 안씨가 앉았다. 검사는 바로 공소사실을 읽었다.

"피고인은 파견업체 소속 근로자인 전정훈과 이진희가 각각 입은 재해와 관련하여 메틸알코올 작업장에서 국소배기장치를 설치하지 않았고, 별도 장소를 지정해 보관하지 않고 메틸알코올을 사용했었고, 메틸알코올 취급 근로자에게 유해성 등을 주지시키는 않는 등 안전관리 조치를 취하지 않았습니다."

판사는 안씨의 변호인에게 의견을 물었다.

"메틸알코올의 위험성을 몰라서 그런 겁니다."

"피고인도 같은 의견입니까?"

"네."

변호인이 갑자기 껴들었다.

"피해자 쪽하고 민사소송 중이고, 합의 노력을 해야 하는데, 시간이 필요합니다."

판사는 이를 받아들이고, 한 달 뒤 재판을 이어서 진행하겠다고 했다. 재판은 4분 만에 끝났다. 안씨와 변호인은 법정 밖으로 바로 빠져나갔다.

정훈씨가 주변의 도움을 받으며 법정에 도착한 것은 재판이 끝난 직후였다. 같은 회사에서 일하다 쓰러진 진희씨는 함께하지 못했다. 진희씨가 시력을 잃은 지 1년 3개월이 지난 때였지만, 재활치료를 받느라 아직도 병원을 벗어나지 못했다. 시력을 잃었을 뿐 아니라 뇌도 다쳐 몸을 온전히 의지대로 가눌 수 없기 때문이다.

나는 안씨를 쫓았다. 질문하는 것은 기자의 특권이자 의무다. 나는 법원 건물을 나서는 안씨를 불렀다. 나를 소개하며 질문을 던졌다.

"피해자한테 아직까지 사과한 적은 없는데, 하실 말씀 없으세요?"

안씨는 입을 다물고 걷기만 했다. 변호인이 대신 답했다.

"그걸 재판받는 사람한테 물어보면 어떻게 합니까. 그만하세요."

나는 재차 안씨에게 같은 질문을 던졌다. 안씨는 계속 침묵을 지켰고, 변호인이 대신 발끈했다.

"검사라도 됩니까?"

"피해자를 대신해서 묻는 겁니다."

"피해자라고 해서 그렇게 해도 됩니까? 그러지 마세요."

"사과가 있어야 합의할 수 있는 거 아닙니까."

"혼자 떠드세요."

"여기 피해자가 와 있습니다."

"여보세요! 기자에게 사람을 괴롭힐 권리가 있는 겁니까."

서로 언성을 높였다. 얼마간의 말씨름이 이어졌고, 결국 안씨가 변호사에게 먼저 가라고 한 다음 내게 입을 열었다.

"죄송합니다. 이진희 씨 아버님과 자주 통화했고, 전정훈 씨에게 전화했는데 안 받더라고요. 저도 장애인 부모님 아래에서 태어났어요. 그 심정을 잘 알고 있습니다. 죄송합니다."

"피해자들의 시력이 돌아올 수는 없잖아요. 조금이라도 피해를 회복하기 위해 어떤 노력을 하고 있습니까?"

안씨는 "죄송하게 생각합니다"라는 말을 남기고 떠났다.

그가 진희씨와 정훈씨에게 사과한 것이었다면, 진정성이 있다고 보기 어려울 것이다.

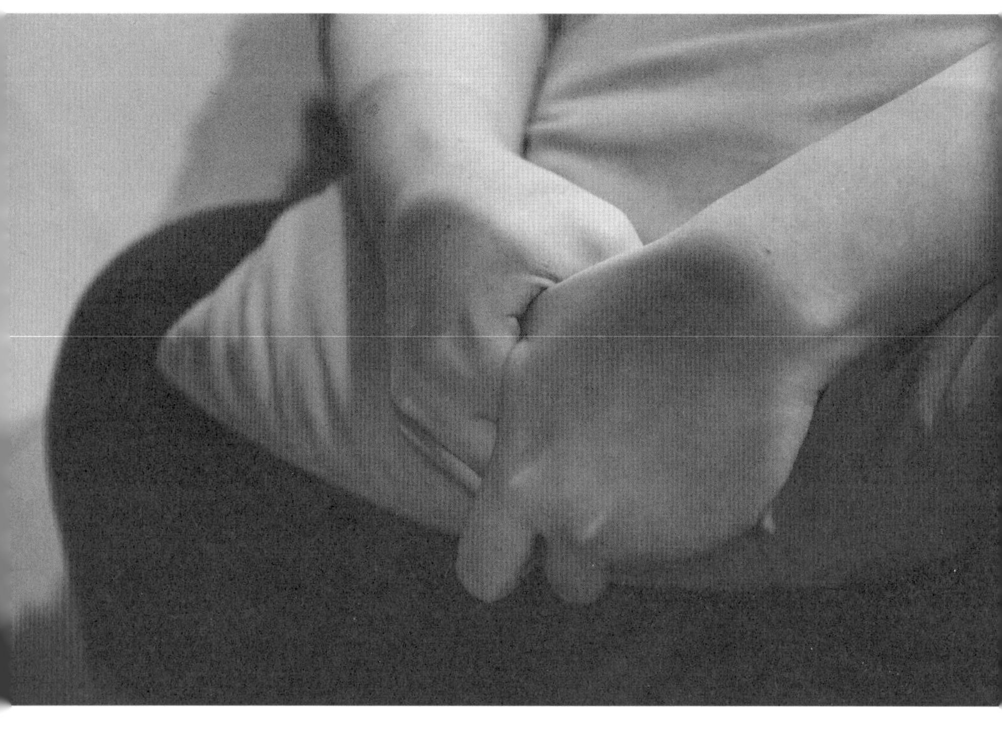

안씨는 정훈씨가 2016년 1월에 쓰러진 뒤, 연락 한 번 하지 않았다. 1년 3개월이 지난 지금 법원 앞에서 사과의 뜻을 전하는 것은 합의를 시도해 실형을 면하기 위한 행동으로밖에 보이지 않았다. 법원 한쪽에 있는 정훈씨에게 가서 안씨가 어떤 말을 했는지 전했다. 그는 어이없다는 듯 쓴웃음을 지었다.

"저한테 연락했다고요? 또 거짓말이네요. 한 번도 연락받은 적이 없어요. 죄를 뉘우치기보다 빠져나가려고 수를 쓰는 것 같아요. 법정에서까지 거짓말을 하는 것을 보면, 피해자들을 사람 취급하지 않겠다는 것으로 들려요. 사과를 받을 거라고 기대도 안 해요. 자기 자식들이 이런 일을 당했으면, 가만히 있었겠어요? 씁쓸한 걸 넘어서 화가 나네요."

화가 날 만했다. 안씨는 불법으로 100명이 넘는 파견노동자를 받아 공장을 돌렸고, 이 과정에서 진희씨와 정훈씨가 시력을 잃었다. 그는 산업안전보건법 위반과 진희씨 불법 파견(파견법 위반)으로 재판을 받고 있다.

정훈씨 불법 파견 부분은 이미 법원의 판단이 나왔다. 벌금 100만 원이었다. 인천지방검찰청은 2016년 12월 안씨를 정식 재판에 넘기지 않고 벌금 100만 원의 약식명령을 청구했다. 인천지방법원은 곧 벌금 100만 원을 확정했다. 정훈씨는 정작 이 소식을 듣지 못했다. 내가 그에게 이 사실을 전했다.

"벌금 100만 원이요? 그 사람들한테는 껌 값이에요. 기자님, 이 사회에서 정의가 없어진 지 한참 됐잖아요. 몇 년간 국가는 없었

청년의 눈을 앗아간 가해자들은 감옥에 가지 않았다

구분	회사명(피고인)	범죄 사실(법률 위반)		최종 판결 결과
사용사업주	YN테크 석씨	산업안전보건법 파견근로자보호법	실명 · 뇌손상 책임 불법 파견	징역 1년, 집행유예 2년 80시간 사회봉사
	BK테크 안씨	산업안전보건법 파견근로자보호법	실명 · 뇌손상 책임 불법 파견	징역 1년 6월, 집행유예 3년 80시간 사회봉사
		파견근로자보호법	불법 파견	벌금 100만원
	덕용ENG 조씨	산업안전보건법 파견근로자보호법	실명 · 뇌손상 책임 불법 파견	징역 2년, 집행유예 3년
		파견근로자보호법	불법 파견	징역 6월, 집행유예 2년
파견사업주	누리잡 이씨	파견근로자보호법	불법 파견	징역 6월, 집행유예 1년
		파견근로자보호법	불법 파견	벌금 100만원
	드림아웃소싱 원씨	파견근로자보호법	불법 파견	벌금 600만원
	플랜에이치알 이씨	파견근로자보호법	불법 파견	벌금 400만원
	대성컴퍼니 갈씨	파견근로자보호법	불법 파견	벌금 200만원
	세울솔루션 이씨	파견근로자보호법	불법 파견	징역 6월, 집행유예 1년

• 항소심까지 진행된 덕용ENG 조씨의 첫 번째 사건 재판을 제외하면, 나머지 사건은 1심이나 약식명령으로 판결이 최종 확정되었다.

어요. 엄벌해야, 가해자들이 피해자들과 합의할 생각이라도 할 텐데….”

정훈씨가 보기에, 검찰도 법원도 가해자에게 제대로 된 죗값을 물리지 못했다. 그렇다고 피해자들의 눈물을 닦아주지도, 마음을 다독이지도 못했다. 인천지방검찰청에 전화해, 정훈씨의 의견을 전했다. 공안부장검사가 말했다.

“2016년 10월 안씨 구속영장을 청구했지만, 법원이 기각했어요. 저희도 중요한 사건으로 생각했는데, 구속영장 기각이라는 결과가 나와서 속이 많이 상했습니다. 산업재해 사건에서는 사람 셋은 죽어야 구속영장이 나와요. 산업재해로 다친 사건에서 구속된 사례를 찾지 못했어요. 한두 건만 보면 부정의로 보이지만, 길게 보면 반복적으로 그런 행위를 하는 사람들은 엄벌을 받습니다. 조금만 기다려주세요. 공소 유지에 더 신경 쓰겠습니다.”

전화를 끊은 뒤, 마음이 더 어지러웠다. 피해자들에게 검사의 말을 차마 전하지 못했다.

11

전정훈

시력을 잃은 대가 350만 원

우리는 인천지방법원 앞 설렁탕 집으로 향했다.

박혜영 활동가는 주변의 여러 유니클로 매장에 전화를 걸었다.

"거기, 선글라스 팔아요?"

몇 번의 시도 끝에, 선글라스를 파는 매장을 확인했다. 우리는 곧바로 매장으로 향했다. 민석기 작가가 운전하는 차에 박혜영 활동가, 나, 전정훈 씨가 탔다. 박활동가는 계속해서 선글라스 이야기를 늘어놓았다.

"품질이 괜찮은데, 엄청 싸요. 몰랐죠? 하하."

차가 좁은 길을 지나는데, 벚꽃이 흐드러지게 핀 모습이 눈에 들어왔다. 그날은 벚꽃이 절정에 이른 4월 12일이었다. 박활동가가 정훈씨에게 물었다.

"벚꽃 핀 게 보여요?"

"어렴풋하게 보이는데, 꽃이 피었는지는 보이진 않아요."

곧 매장에 도착했다. 우리는 정훈씨에게 여러 선글라스를 씌웠다.

"이거 괜찮네요. 이거 어디 있죠?"

"아, 여기 있네요."

정훈씨가 쓴 선글라스 렌즈는 푸른빛을 반사했다. 갈색 트렌치코트와 제법 잘 어울렸다. "오, 멋져요." 박혜영 활동가의 탄성에 정훈씨의 입꼬리가 살짝 올라갔다. 나와 민석기 작가도 잘 어울린다면서 거들었다.

앞서 재판이 끝난 뒤 정훈씨의 마음은 어지러웠을 것이다. 우리 모두 마음이 답답했다.

그런 분위기에서 박활동가는 우릴 쇼핑몰로 이끌었고, 다들 기분 전환에 성공했다. 박활동가는 "어두워져야 눈이 편해요. 그런데 안경점에 갔더니 선글라스가 너무 비싸서 빈손으로 나왔어요" 하던 정훈씨의 말을 잊지 않고 있었다.

박활동가도 선글라스를 하나 골랐다. 정훈씨는 트렌치코트에 손을 찔러 넣고 쇼핑몰을 걸어 나왔다. 서로의 모습에 정훈씨도, 박활동가도 함박웃음을 터트렸다. 이를 보던 나도, 민석기 작가도 함께 폭소를 터트렸다.

그 순간만큼은 정훈씨가 앞을 볼 수 없는 2급 시각장애인이라는 사실을 잊었다. 그는 그저 선글라스를 낀, 나와 동갑내기인 30대 청년으로 보였다.

· · ·

정훈씨가 보는 세상은 희미하다. 아예 아무것도 안 보이는 것은 아니다. 사물에 눈을 바싹 가져다 대야 무슨 물건인지 알 수 있다.

텔레비전을 볼 수도 있다. 다만 텔레비전 화면에 눈을 바싹 가져다 대야, 몇 번 채널인지 확인할 수 있다. 물론 그렇게는 텔레비전을 볼 수 없으니 그는 텔레비전을 듣는다.

정훈씨는 스스로 살아가야 한다. 동생과 함께 살지만, 공장을 다니는 동생은 아침 일찍 나갔다가 밤늦게 돌아온다. 정훈씨는 하루 대부분을 혼자서 보낸다. 집에만 있기는 답답하다. 종종 집 밖으로 나간다. 조심스럽게 한발 한발 내디딘다. 처음엔 턱에 걸려 넘어지기 일쑤였다. 집 앞은 차도와 인도의 구분이 없다. 귀로 주변에 차가 있는지 살피고 길을 건넌다. 신호등 색깔이 보이지 않는 탓에, 희미하게 보이는 사람의 움직임을 보고 길을 건넌다.

정훈씨는 스마트폰 문자메시지를 확인하는 법도 터득했다. 문자메시지 화면을 갈무리한 뒤 저장하고, 이를 최대한 확대해서 본다. 불편하고 시간이 걸리지만, 세상과 소통할 수 있는 길을 포기할 수는 없다. 정훈씨는 자신의 운명을 담담히 헤쳐 나가고 있다. 시각장애인으로 사는 삶을 완전히 받아들인 건 아니지만, 살아가는 법을 조금씩 배우고 있다.

하지만 아직 우리 사회는 중도 장애를 입은 정훈씨를 받아들을 준비가 덜 됐다. 정훈씨가 도움을 받기 위해 인천시청 장애인복지과를 찾았을 때 공무원에게 들은 말은 "여기 앉으세요"가 아니었다. 그 공무원은 '왜 여기를 찾아왔어요?' 하는 표정을 지으며 말했다.

"장애인이 받는 혜택이 담긴 책자는 동 주민센터에 있어요. 가까운 주민센터에 가서 안내를 받으세요."

그 자리에는 박혜영 활동가와 나도 있었다. 박활동가가 발끈했다.

"정훈씨는 이미 주민센터에 다녀왔어요. 장애인에게 도움이 될 만한 정보를 알려주지 않았더라고요. 시각장애인 복지관의 위치를 물어보니, 연결된 기관이 없다면서 알아서 찾아가라고 했대요."

"주민센터 분들이 복지관 현황을 몰라서 그런 것 같아요. 현황은 인천시청 홈페이지에…."

"시각장애인이라 볼 수가 없잖아요."

"옆에 있는 분이 도움을 주시면…."

"혼자 사는 분이에요. 그러면 시각장애인이 도움을 요청하려면 어디로 가야 하나요?"

그제야 공무원들은 "여기 앉으세요"라고 말했다. 공무원들은 정훈씨에게 이런저런 설명을 하고, 프린트물 몇 장을 뽑아왔다.

시각장애인인 정훈씨에게 큰 도움은 되지 않았다. 공무원과의 짧은 만남 후, 시청 한편에서 정훈씨가 한숨을 내쉬었다.

"제가 시각장애인 복지관의 위치를 확인해 3시간 걸어 찾아갔잖아요. 그런데 복지관이 없더라고요. 하하. 사라진 모양이에요. 그리고 장애인등록증을 신청하라고 알려준 기관이 없었어요. 1월에 혼자 주민센터에 가서 신청했어요. 한 달 정도 걸린다고 했는데, 한 달이 넘도록 연락이 없었어요. 그래서 제가 또 찾으러 갔잖아요."

박혜영 활동가도 나도 혀를 끌끌 찰 수밖에 없었다.

· · ·

내가 정훈씨를 처음 만난 건 2017년 4월 2일이다. 그의 집에서 마주 앉았다. 그날 정훈씨는 우리 사회의 가장 큰 문제로 세습을 꼽았다. 누군가는 돈과 권력을 세습받고, 누군가는 가난을 물려준다는 뜻이었다. 정훈씨가 그날 몇 시간에 걸쳐 자신의 인생을 들려준 이유이기도 했다. 그는 2007년 1월의 어느 날로 나를 데려갔다.

정훈씨는 아버지가 공장에서 일하다 사고를 당했다는 소식을 들었다. 아버지의 오른팔은 기계 모터 속으로 빨려 들어갔고, 신경과 힘줄이 끊어지며 팔목이 잘렸다. 곧바로 집 앞에 있는 가천대 길병원 중환자실에 옮겨져 치료를 받았다. 아버지는 치료를 받았지만, 병원 침대에서 일어나지 못했다. 병원은 뒤늦게 아버지의 척추 3, 4번이 부러진 사실을 확인했다. 이미 때는 늦었다. 여러 합병증이 발병해, 아버지는 그해 8월 세상을 떠났다.

군대에서 막 제대해 집으로 돌아온 스물다섯의 정훈씨는 아버지의 죽음을 슬퍼할 겨를이 없었다. 남동생과 함께 어떻게든 먹고 살아야 했다. 인천 남동공단에 있는 파견업체의 문을 두드렸다. 좋은 직장에 취업하기 어려운 그로서는, 밤샘 근무를 하면 많은 돈을 벌 수 있는 공장에 취업하는 게 나쁘지 않은 선택이었다. 남동공단 주변에 있는 많은 청춘의 선택도 그와 다르지 않았다. 정훈씨는 한 달에 서너 번만 쉬고, 12시간 밤샘 근무를 했다. 그렇게 벌 수 있는 돈은 많으면 250만 원가량이었다. 남들처럼 주말에 쉬면서 하루에 8시간만 일해서는 미래가 없다고 생각했다. 일한 만큼 돈을 벌 수 있다는 생각도 했다. 정훈씨는 이를 악물었다.

"밤샘 근무하고 아침에 집으로 돌아와 자고, 오후에 일어나서 밥 먹고 회사에 갔어요. 그런 삶을 살았어요. 남들은 20대 때 추억이 많잖아요. 저는 없어요. 공장에서 일밖에 안 했으니까. 놀 줄도 몰라요."

세상은 아이러니하다. 정훈씨는 누구보다 치열한 20대를 보냈지만, 돈을 많이 벌지 못했다. 오히려 골병이 들어 일을 못 하게 됐다. 한때 스마트폰 염료공장에서 일했다. 하루에 수천 번 기계 손잡이를 눌러야 했다. 얼마 뒤 팔을 들기 어려웠다. 2013년 일을 그만두고 2년 동안 집에서 끙끙 앓았다. 벌어놓은 돈으로 겨우 먹고 살았다.

나는 정훈씨에게 왜 병가를 내거나 산재보험 처리를 요청하지 않았는지 물었다.

"파견노동자라 아프다고 병가를 낼 수도 없었어요. '너 아니어도 일할 사람 많다'는 게 회사 분위기니까, 아파도 이를 악물고 일했어요. 사실 공장에서 팔이 절단되지 않는 이상 산재 처리를 해주거나 치료해주지 않아요. 어떠한 보상도 못 받고, 그냥 회사를 나왔죠. 어떻게 보면 직원이 아니라, 부품이었죠."

집에서 하염없이 시간을 보낼 수는 없었다. 다시 일을 구하기 위해 파견업체 문을 두드렸다. 대성컴퍼니였다. 2015년 9월 11일 정훈씨는 삼성전자 스마트폰 부품을 가공하는 하청업체 BK테크로 보내졌다. 정훈씨는 시급 6030원의 최저임금을 받기로 했다. 그마저도 대성컴퍼니는 첫 3개월 동안을 수습 기간으로 정해놓고는 이 기간 동안 최저임금의 90퍼센트까지 지급할 수 있다는 내용을 근로계약서에 넣었다. 여기에는 정훈씨의 중대한 과실로 대성컴퍼니에 손해를 끼쳤을 때 대성컴퍼니는 정훈씨에게 손해배상을 청구할 수 있다는 조항도 담겼다. 하지만 그 반대의 상황일 때 정훈씨가 손해배상을 청구할 수 있다는 내용은 없었다. 4대 보험 얘기도 없었다. 파견노동자는 다들 그런 조건에서 일했다. 정훈씨도 마찬가지다.

정훈씨는 공작기계 6~7대를 사용해, 스마트폰 볼륨 버튼을 가공하는 일을 했다. 공작기계 내부에 있는 호스에서는 스마트폰 부품을 매끈히 가공하고 열을 식히기 위해 메탄올이 뿜어져 나왔다. 정훈씨는 창문이 없는 공간에서 메탄올을 기름통에 담는 작업을 했다. 기름통 뚜껑은 없었다. 공장에는 오염된 공기를 바로 밖으로 배출하는 국소배기장치나 환기 시설이 없었다. 창문만이 유일한 환기 시설이었다.

공장에서 일한 33명 가운데 27명이 파견노동자였다. 정훈씨를 비롯한 파견노동자들은 처음 일하기 전 공작기계 사용법을 들었다. 단 1분이었다. 파견노동자 누구도 공장에서 메탄올을 사용하고 있다는 것이나, 고농도의 메탄올이 얼마나 위험한지 듣지 못했다. 알코올 냄새가 심하니, 알코올을 사용하는구나 지레짐작할 뿐이었다. 파견노동자들은 장갑, 마스크, 보안경을 써야 한다는 이야기를 듣지 못했다. 장갑을 끼고 작업했지만, 손은 메탄올에 늘 절어 있었다.

정훈씨는 오전 9시부터 오후 9시까지 주 6일 12시간씩 일하면서 4개월을 보냈다. 특히 새 스마트폰 출시를 앞둔 12월에는 거의 쉬지 못했다. 그렇게 메탄올 증기가 정훈씨의 인체에 스며들었다. 알코올 냄새가 심했고, 머리가 어지러운 날들이 많았다. 회사는 파견노동자의 건강에 관심이 없었다. 정훈씨가 할 수 있는 일은 마스크를 사서 끼고, 창문 쪽으로 가 심호흡을 하는 정도였다. 그것만으로는 고농도의 메탄올이 정훈씨의 시신경을 공격하는 것을 막을 수 없었다.

· · ·

정훈씨는 2016년 1월 16일을 잊지 못한다. 토요일, 회사가 이전하는 날이었다. 정훈씨도 불려 나왔다. 앞서 일주일 동안 어느 때보다 힘들었다. 이유는 알 수 없었다. 이날은 그 증상이 더욱 심했다. 낮 12시 몸살이 난 것처럼 으슬으슬 추웠고 세상이 희미하게 보였다. 도저히 일할 수 없는 상황이 되자, 용기를 내서 조퇴했다. 집으로 가는 길, 신호등 색깔도 버스 번호판도 보이지 않았다. 아무 버스나 탔다. 중간에 내려 한참을 걸었다. 그 뒤로는 기억이 없다.

정훈씨는 오후 3시께 집 화장실에서 쓰러진 채로 동생에게 발견됐다. 바로 응급실로 옮겨졌다. 9년 전 아버지가 실려 간 바로 그 병원이었다.

정훈씨는 의식이 혼미한 상태에서 횡설수설하면서도 눈앞이 뿌옇다고 말했다. 정훈씨는 각종 검사를 받았다. 동맥혈가스 검사에서 대사성 산증에 따른 의식 저하 현상이 확인됐고, 정훈씨는 중환자실로 옮겨졌다. 그는 치료를 받고 겨우 의식을 회복했다. 하지만 시력표로 시력검사를 할 수 없을 정도로 시력이 크게 나빠진 상태였다. 눈앞에 있는 사물을 겨우 희미하게 구분할 수 있을 뿐, 밖을 돌아다닐 수 없었다.

주치의는 메탄올 중독을 의심했다. 주치의는 BK테크 쪽에 메탄올 중독 가능성을 물었다. 그럴 가능성이 없다는 답이 돌아왔다. 다른 독성 물질, 중금속, 약물 중독을 의심했지만, 정훈씨 증상과 맞아떨어지는 게 없었다. 심지어는 마약 검사까지 했지만 소득은 없었다. 결국 메탄올 중독 치료는 이뤄지지 못했다. 시력이 크게 나빠지는 시신경염을 개선하기 위해 치료를 받았지만, 차도는 없었다. 정훈씨는 한 달 만에 병원에서 퇴원했다.

만약 그때 BK테크가 메탄올을 사용한다고 사실대로 말했다면, 그래서 뒤늦게라도 적절한 치료가 이뤄졌다면, 정훈씨의 눈은 어떻게 됐을까. 정훈씨는 지금도 BK테크 대표 안씨를 도저히 용서할 수 없다.

"치료했다면, 지금 상태보다 낫지 않았을까요. 골든타임을 놓친 것 같아, 너무 아쉬워요."

목소리가 너무 담담해서, 마음이 더욱 아팠다.

• • •

정훈씨가 치료받고 있을 때, 파견업체 대성컴퍼니 쪽에서 매일 찾아왔다. 그쪽에서 합의서를 내밀었다. 처음에는 위로금 200만 원을 주겠다고 했다. 정훈씨의 보호자 역할을 한 동생은 이를 거부했다. 파견업체는 위로금을 350만 원으로 올리면서, 합의서에 사인하지 않으면 위로금을 주지 않겠다고 윽박질렀다. BK테크 쪽에서 메탄올을 사용하지 않았다는 말을 믿은 병원은 정훈씨가 시력을 잃은 이유를 알지 못하고 있었다. 정훈씨와 동생은 주변의 도움을 받지 못한 채, 합의서에 사인할 수밖에 없었다. 정훈씨가 쓰러진 지 13일 만의 일이었다.

본인은 BK테크 조퇴 후 집에 있는 도중 일어난 단순 사고로 인해 근무에 애로를 겪은바, 이와 관련해 서로의 상황을 충분히 이해했으며, 이에 아래와 같이 합의를 하며 그에 따른 합의서를 작성한다.
사고와 관련 (주)대성컴퍼니에서는 위로금(병원치료비 및 미근무로 인해 손실 보는 급여)과 관련하여 총 350만 원을 지급받는 것에 합의했으며, 추후에 발생되는 모든 제반 사항에 있어 회사 측에 책임을 전가하지 않는다.

위 합의에 대해 충분히 이해했으므로 이에 서로의 서명으로 확인합니다.

정훈씨는 시력을 잃은 대가로 350만 원을 받았다. 처음에 이 이야기를 들었을 때 믿을 수 없었다. 어떻게 이런 일이 벌어질 수 있을까. 일하다가 눈이 멀었는데, 회사는 이렇게 나 몰라라 해도 될까. 그 이유는 무엇일까. 파견노동자라는 신분 때문일까, 아니면 인간 된 도리를 잃게 만드는 탐욕 때문일까. 이거 한 가지는 확실하다. 파견 노동이 없었다면, 어떠한 안전 장비 없이 시력을 잃는 일도, 국가와 회사로부터 제대로 된 보상을 못 받고 버려지는 일도 없었을 것이다.

대성컴퍼니는 4개월 뒤인 5월에 폐업했다. 이 회사는 산재보험에 가입하지 않았다. 산재보험에 가입하지 않더라도, 파견노동자가 다치면 산재보험 혜택을 받을 수 있다. 하지만 대성컴퍼니는 이러한 의무를 다하지 않고 문을 닫았다. 결국 정훈씨는 어떠한 사회적 도움도 받지 못하고 홀로 절망과 싸워야 했다.

• • •

정훈씨는 시력을 잃은 후 암흑의 시간을 보냈다. 시력을 잃은 이유라도 알고 싶었지만, 누구도 답해주지 않았다. 그는 내게 속내를 털어놓았다.

"이렇게 살 바에는 죽는 게 낫다고 생각했어요."

정훈씨는 빛을 잃고 6개월이 지난 때 아버지를 찾아갔다. 그는 인천가족공원 봉안당에 있는 아버지 영정 사진과 위패 앞에 섰다. 9년 전 세상을 떠난 아버지가 그리운 날이었다. 갑자기 눈물이 터져 나왔다.

"죄송해요. 왜 저한테 이런 일이 터졌는지 모르겠어요."

정훈씨는 속울음을 삼켰다.

정훈씨에게서 처음 아버지 얘기를 들었을 때 마음이 무거웠다. 정훈씨와 나는 1982년생 동갑내기다. 우리는 같은 해에 태어났는데, 삶의 궤적은 크게 달랐다. 정훈씨도 그의 아버지도 공장에서 일하다가 산업재해를 당했다. 아버지는 세상을 떠났고, 정훈씨는 시력을 잃었다. 정훈씨는 20대를 어두컴컴한 공장에서 일만 하다 보냈고, 이제는 시력을 잃고 집에서 청춘을 보내고 있다.

하지만 나는 일하면서 크게 다칠 수 있다는 생각을 해본 적도 없고, 실제로 내 주변에서 그런 일은 일어나지 않았다. 왜 나와 정훈씨의 삶은 달랐을까.

· · ·

몇 달 뒤, 재활치료사인 정훈씨의 친척 형이 우연히 메탄올 중독 실명 사건을 다룬 뉴스를 접했다. 인천 노동자 건강권 단체 활동가에게 정훈씨의 일을 전했고, 이 단체는 다시 박혜영 활동가에게 이를 전달했다. 박활동가가 바로 정훈씨에게 연락했다. 10월 5일 박활동가는 정훈씨 집을 찾았다. 그해 1월 인체에 치명적인 고농도의 메탄올 중독으로 시력을 잃고 뇌를 다친 청년들의 이야기를 전했다. 정훈씨는 그제야 시력을 잃은 이유를 알 수 있었다.

이들과 정훈씨에겐 닮은 점이 많았다. 모두 삼성전자와 LG전자의 스마트폰 부품 공장에서 일하다 다쳤다. 특히 첫 번째 피해자로 세상에 알려진 이현순 씨와 정훈씨가 쓰러진 날이 같았다.

2016년 1월 16일.

하지만 그 뒤 두 사람의 삶은 크게 달랐다. 현순씨는 이대 목동병원 의사들의 도움으로 자신이 메탄올 중독으로 시력을 잃었다는 사실을 상대적으로 빨리 알 수 있었다. 치료를 받았고, 이후 박혜영 활동가를 비롯한 노동건강연대의 도움으로 산재보험 혜택을 받을 수 있었다. 하지만 정훈씨는 아니었다. 파견사업주와 사용사업주의 거짓말 때문에 왜 시력을 잃었는지 알 수 없었고, 적절한 치료도 받지 못했다. 그 뒤 홀로 버려진 듯 집에만 틀어박혀 살았다.

정훈씨는 또 다른 피해자 이진희 씨의 이야기를 듣고, 자신도 메탄올 중독 탓에 시력을 잃었음을 확신했다. 정훈씨가 쓰러지고 한 달 뒤 진희씨가 쓰러졌다. 그녀가 다닌 회사의 이름은 BK테크. 정훈씨가 다닌 바로 그 회사였다.

정훈씨는 박활동가를 만난 날을 떠올리며 한숨을 토해내듯 내게 말했다.

"8개월 만에, 시력을 잃은 이유를, 회사가 나를 속였다는 사실을 그때야 알게 됐어요. 정말 화가 많이 났어요."

정훈씨는 박활동가의 도움으로 산재보험 급여를 신청했다. 근로복지공단은 이틀 만에 이를 승인했다. 이틀이면 될 일인데, 여기까지 오는 데 9개월이 걸렸다.

이후 박활동가는 정훈씨에게 뜻밖의 제안을 했다. 국회 기자회견에 나서달라고 했다.

"왜 시력을 잃었는지 모른 채, 집에서 숨어 지내는 또 다른 피해자가 있을 것 같았어요."

10월 12일 정훈씨는 또 다른 피해자 김영신 씨와 함께 국회 정론관에 섰다. 두 사람의 용기 덕분에, 메탄올 중독 실명 사건은 언론을 타고 다시 세상에 알려졌다.

· · ·

BK테크 대표 안씨의 형사재판이 이어지던 2017년 6월의 어느 날, 정훈씨의 스마트폰에서 벨 소리가 울렸다. 정훈씨는 통화 버튼을 더듬어 눌렀다. 정훈씨는 누가 전화했는지 알 수 없다.

"10분 뒤 집 앞에 도착합니다."

스마트폰에서 들리는 그의 말에 가슴이 덜컹 내려앉았다. 정훈씨의 시력을 앗아간 안씨였다. 정훈씨는 가해자와 마주하고 싶지 않았다. 하지만 집을 찾아온 가해자를 외면할 정도로 모질지는 못하다. 마주 앉은 안씨는 말했다.

"주변 사람들한테 돈을 빌리고 있어요. 합의서까지는 아니더라도 제가 합의를 위해 노력하고 있다는 내용을 적어왔어요. 여기 사인해주세요."

사람이 참 무섭다. 안씨는 정훈씨에게 연락 한 번 하지 않았다. 안씨는 파견노동자는 직원이 아니라고 생각했는지도 모른다.

민사재판에서의 태도는 더욱 괘씸했다. 정훈씨는 영신씨와 함께 2016년 11월 안씨를 비롯한 파견사업주, 사용사업주, 대한민국을 상대로 손해배상 청구소송을 냈다. 안씨의 변호인은 3개월 뒤 재판부에 정훈씨의 청구를 기각해달라는 내용의 답변서를 냈다. 답변서의 내용은 이랬다.

'원고의 주장 중, 전정훈이 피고 주식회사 대성컴퍼니에 고용된 뒤, 피고 안○○가 운영하는 사업장에서 근무하였다는 사실만을

인정하고, 나머지 주장은 일반 부인하는 바입니다.'

정훈씨가 일하다 다친 사실조차 인정하지 않겠다는 안씨의 태도를 이해하기 어려웠다. 근로복지공단은 이미 정훈씨가 BK테크에서 일하다 시력을 잃은 사실을 인정하고 산재보험 급여를 지급하고 있다. 검찰 역시 안씨가 불법으로 파견노동자를 받아 공장을 돌리고, 안전에 신경 쓰지 않아 정훈씨와 진희씨의 시력을 앗아간 범죄를 저질렀다며 그를 법정에 세웠다.

• • •

형사재판이 시작되자, 피고인 안씨는 정훈씨에게 여러 차례 연락을 해왔다. 2017년 5월 24일 검찰이 안씨에게 징역 2년 6월을 구형하자, 안씨는 피해자들을 들볶기 시작했다. 1심 선고가 6월 30일로 정해지면서, 안씨는 다짜고짜 정훈씨 집을 찾은 것이다.

"이진희 씨 아버님도 사인해주신다고 했습니다."

정훈씨는 안씨를 보낸 후, 고민에 빠졌다. 지금껏 법은 정훈씨를 위로하지 못했다. 메탄올 중독 실명 사건의 가해자들 가운데 아무도 감옥에 가지 않았다. 모두 벌금형을 받거나 집행유예로 무죄 같은 유죄를 받았다. 합의 문서를 써주지 않는 게 무슨 대수인가 싶었다. 정훈씨는 합의 문서를 써주기로 마음먹었다. 가해자에게 더 이상 시달리고 싶지 않았다.

그런데 안씨의 말은 사실이 아니었다. 나는 사실 확인을 위해 이진희 씨의 아버지에게 전화를 걸었다.

“안씨는 지금까지 어떠한 성의도 보이지 않았어요. 자신은 돈이 없지만 돈 많은 동업자한테 돈을 받아내겠다고 하는데…. 선고를 앞두고 어떻게든 감옥살이를 면해보려고 하는 것 같아요.”

정훈씨도 마음을 고쳐먹었다. 안씨는 다시 찾아오겠다고 했다. 정훈씨는 서둘러 짐을 쌌다. 집을 떠나 사촌 누나 집으로 거처를 옮겼다. 시력을 잃은 피해자가 가해자의 들볶음을 피하고자 집을 떠나야 하는 현실이 안타까웠다.

• • •

6월 30일 안씨의 형사재판 선고공판이 열리는 인천지방법원을 찾았다. 법원 로비에서 정훈씨를 만났다. 그는 안씨한테서 계속 연락이 온다며 하소연했다.

“또 기자님 만나서 인터뷰할 거냐고 물어보더라고요. 만나지 말았으면 좋겠다고 했어요.”

정훈씨는 안씨가 500만 원을 보내왔다는 얘기도 했다. 앞서 받은 350만 원에 500만 원을 더하더라도, 시력을 잃은 보상으로는 너무나 부족한 금액이다. 하지만 판사 입장에서는 피고인인 안씨가 반성하고 있고 피해 보상에 노력하고 있다는 판단을 내리는 데 좋은 증거일 것이다. 내가 정훈씨였으면 어땠을까. 쉽게 판단을 내리기 어려웠다. 어차피 안씨가 가벼운 처벌을 받을 게 뻔하다면, 조금이라도 보상을 받는 게 나은 선택일 수 있다.

그때 안씨가 우리 앞을 지나갔다. 그는 내게 눈인사를 건네며, "오셨네요?"라고 말했다. 표정은 밝아 보였다. 그가 잘못에 걸맞은 엄한 처벌을 피할 것이라는 예감이 들었다. 사실 예감보다는 합리적인 추측이다. 메탄올 중독 실명 사건을 비롯해 산업재해를 일으킨 기업주가 재판에 넘겨져도 엄한 처벌로 이어지는 경우는 찾기 힘들다.

시간에 맞춰, 410호 법정을 찾았다. 수많은 사건의 선고가 이어지고 있었다. 곧 판사가 사건번호를 말한 뒤 피고인 안씨를 불렀다. 판사는 법정에 선 안씨를 향해 몇 가지 질문을 던졌다.

"이진희 씨와 전정훈 씨에게 1000만 원, 500만 원 입금하셨다는 거죠?"

"네."

"그럼, 선고하겠습니다."

판사는 판결문을 읽어 내려갔다.

"피고인은 법률을 위반해 파견근로자에게 직접생산 공정 업무에 종사하도록 했고, 메틸알코올의 위험성에 대한 보건 조치를 이행하지 아니하여 파견근로자 전정훈, 이진희로 하여금 시신경이 손상되는 등의 중한 상해를 입게 했다. 위법하게 근로자 파견을 받은 기간과 규모가 상당하다.

피고인은 이미 메틸알코올을 사용하는 것이 좋지 아니하다는 점에 대해 어느 정도 인식하고 있었던 것으로 보임에도, 그 관리와 보건 조치를 소홀히 해 근로자들에게 돌이킬 수 없는 신체적, 정신적 손해를 입도록 하였다. 파견근로자들은 근로조건이 보다 열악하고 고용이 불안정할 수 있다는 점, 열악한 근로환경에 대한 경종을 울릴 필요성이 있다는 점에서 처벌의 당위성이 더욱 크다."

판사는 안씨가 엄한 처벌을 받아야 하는 이유를 늘어놓았다. 실형을 선고하려는 걸까. 성급한 예상은 금물이다.

"그러나 피고인은 수사기관에서부터 이 법정에 이르기까지 범행을 인정하면서 진지한 반성의 모습을 보이고 있다. 피고인은 이 사건 범행 이전까지 메틸알코올의 위험성에 대해 온전히 인식하고 있었던 것으로 보이지는 아니한다. 피고인은 불법 수익을 도모하기 위한 의사에서 범행한 것으로 보이지는 아니하고, 관행에 따른 법률상 부지로 인해 이 사건 범행에 이른 것으로 보인다."

순간 정훈씨와 박혜영 활동가는 헛웃음을 감추지 못했다.

"피고인은 전정훈에게 500만 원, 이진희에게 1000만 원을 지급하는 등 피해를 입은 근로자들의 피해 회복을 위해 나름대로 노력하고 있는 것으로 보인다. 피고인에게 실형을 선고해 곧바로 사회와 격리시키기보다는 사회 속에서 근로자들을 위한 피해 회복에 힘쓸 수 있도록 형을 정하는 것이 바람직해 보인다."

혹시나 하는 생각은 역시나로 바뀌었다. 판사는 곧 주문을 읽었다.

"피고인을 징역 1년 6월에 처한다. 다만 이 판결 확정일로부터 3

년간 위 형의 집행을 유예한다. 피고인에게 80시간의 사회봉사를 명한다."

선고에 걸린 시간은 3분 남짓이었다. 판사는 안씨가 산업안전보건법과 파견법을 위반했다고 인정하면서도, 실형을 선고하지는 않았다. 정훈씨는 시력을 잃은 뒤 1년 5개월 동안 가해자가 죗값을 치를 날을 기다렸다. 결국 그날은 오지 않았다. 정훈씨는 허탈한 표정을 감추지 못한 채, 곧바로 법정을 빠져나갔다. "안씨 만나볼래요?"라는 박혜영 활동가의 물음에, 정훈씨는 고개를 절레절레 흔들었다.

실형을 면한 안씨는 안도의 한숨을 내쉬었다. 나는 법정 밖 복도에서 안씨를 불러 세웠다.

"피해자들한테 하고 싶은 말씀은 없으세요?"

"다 엉망인 상태인데, 이진희, 전정훈 씨한테 최대한 할 수 있는 데까지 다하겠습니다."

나는 안씨의 동업자인 이 모 씨 이야기를 꺼냈다. 안씨는 항상 자신은 돈이 없고 동업자에게 돈을 받아 보상하겠다는 말을 되풀이했다. 실제 이씨와 안씨는 6억 원씩 BK테크에 투자했다. 안씨가 대표로 이름을 올리고 본인 이름으로 대출을 받았다. 이씨는 공식적인 직책에는 이름을 올리지 않았지만 그는 중요 서류에 결재 사인을 했다.

"이씨를 상대로 한 민사소송을 할 때 적극적으로 해서, 최대한 보상을 받을 수 있도록 하겠습니다. 제 돈이 있으면 다 드리겠는데, 뒷조사를 해봐서 아시겠지만, 재산이 없어요. 제가 거짓말하는 게 아니에요. 이진희, 전정훈 씨 책임지겠습니다."

"이씨에게 민사소송은 제기하셨나요?"

그는 질문에 제대로 답변하지 않았다.

"안 된다고 하면 자력으로…. 저, 그렇게 나쁜 사람 아닙니다. 없어서 그런 건데."

"정훈씨는 선생님이 죗값을 제대로 받지 못했다고 생각하고 있습니다."

"다음 주에 전화 한번 하고, 찾아뵙겠습니다."

우리는 법원을 빠져나와 지난 4월에 갔던 그 설렁탕 집을 다시 찾았다. 나는 정훈씨에게 조심스레 소감을 물었다.

"벌을 받지도 않고…. 검찰 구형대로 2년 6월의 징역형을 받을 줄 알았어요. 그것도 형량이 적다고 생각했는데. 돈 준 거 때문에 확 준 것 같아요…."

서로 밥을 먹고 헤어졌다. 이날 안씨 선고로, 모든 가해자의 1심 판결이 끝났다. 모두 벌금형 또는 집행유예로 마무리됐다. 감옥에 간 가해자는 아무도 없었다.

안씨를 비롯한 가해자들의 1심 선고 내용을 정리해 기사를 썼다. 반응이 뜨거웠다. 기사는 포털 사이트 다음의 메인 화면에 소개됐고, 댓글만 1000건이 넘었다. 네이버에서도 주요하게 배치되면서, 300건이 넘는 댓글이 달렸다. 대부분 판결을 비판하는 내용이었다.

우리 사회를 충격으로 몰아놓은 메탄올 중독 실명 사건의 사법 처리는 역시 여느 산업재해 사건과 크게 따르지 않았다. 법원은 가해자에게 관대한 판결을 내렸다. 처벌이 관대할수록, 기업주들의 머릿속에서 '안전'은 희미해진다. 일하다 다치거나 죽는 노동자들은 줄어들지 않을 것이다. 박활동가의 생각도 나와 같았다.

"죗값을 치르라는 말을, 이제는 함부로 못 하겠어요. 평생 앞을 못 볼 젊은이들이 여섯이나 되지만, 그들의 눈을 멀게 한 사장들은 구속조차 되지 않잖아요. 이번 판결을 보면서 위험한 기업들은 알게 되겠죠. '아, 아직은 위험한 공장에서 산업재해가 일어나도 괜찮구나….'"

전정훈 씨는 회사의 거짓말 때문에 적절한 치료를 받지 못했고 치료 시기도 늦어졌다.

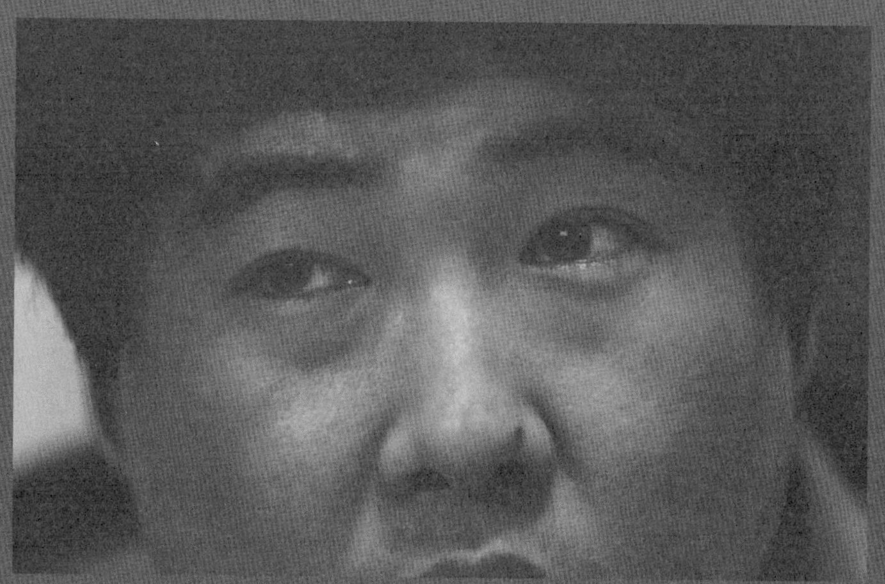

—— 신호등의 색깔을 구분할 수 없는 전정훈 씨에게, 길을 건너는 일은 위험천만한 일이다.

____ 시력을 잃고 집을 떠나야 하는 전정훈 씨는 어떤 심정이었을까.

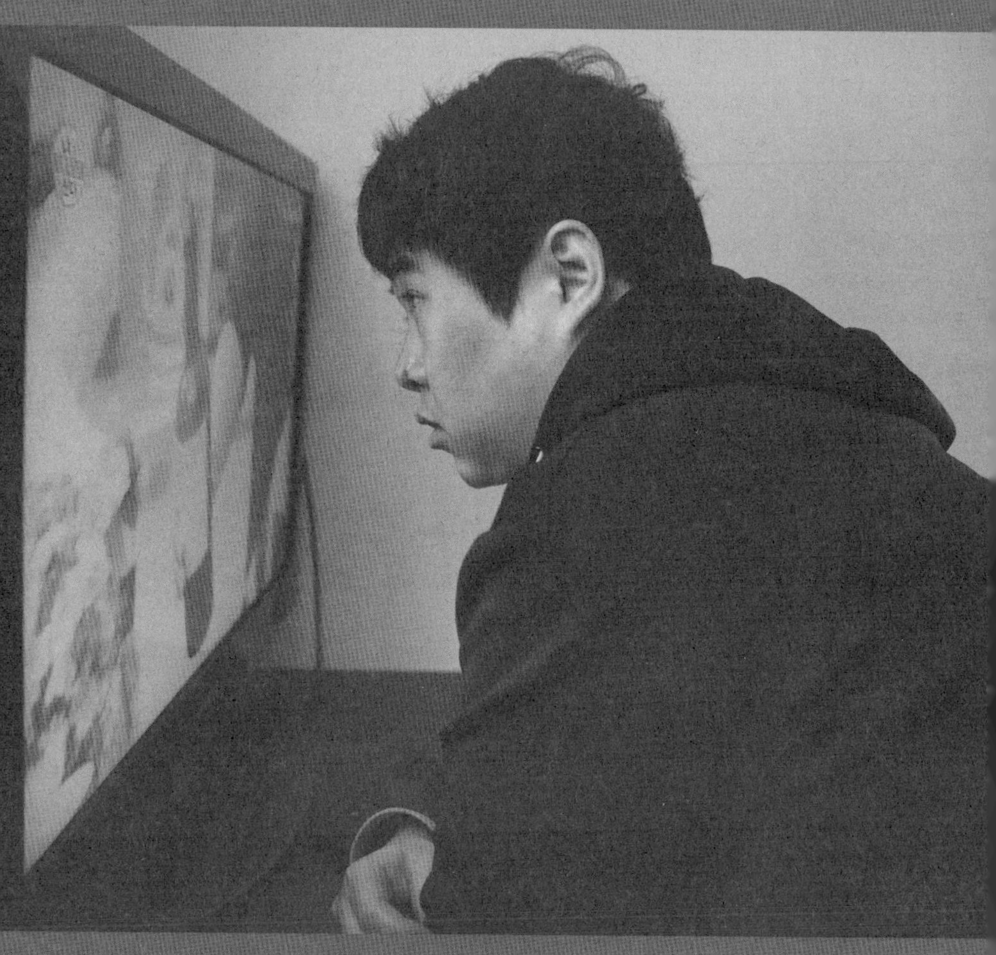

—— 전정훈 씨는 텔레비전 화면에 눈을 바싹 가져다 대야, 몇 번 채널인지 확인할 수 있다. 물론 그렇게는 텔레비전을 볼 수 없으니 그는 주로 텔레비전을 듣는다.

2급 시각장애인이 된 전정훈 씨. 어두워져야 눈이 편하다며 선글라스를 쓴다.

전정훈 씨는 스마트폰 문자메시지를 확인하는 법도 터득했다. 문자메시지 화면을 갈무리한 뒤 저장하고, 이를 최대한 확대해서 본다.

12

이진희

눈을 잃고 초능력을 얻었네

이진희 씨는 빨간 디오르 립스틱을 입술에 발랐다. 거울은 없었고, 눈은 허공을 향했다. 다소 해쓱했던 스물아홉 진희씨의 입술에 생기가 돌았다. 새하얀 블라우스는 진희씨의 낯빛을 환하게 만들었다. 진희씨는 한 달에 두 번 외박을 나갈 수 있다. 내가 근로복지공단 창원병원을 찾은 4월 15일이 바로 그날이었다.

진희씨는 2주일 내내 하루 24시간 붙어 있던 간병인 정옥 이모와 헤어진 뒤, 엄마 아빠를 만났다. 진희씨 가족은 차로 50분을 달려, 경남 창녕군 남지읍 낙동강변에 닿았다.

드넓은 강변에 샛노란 유채꽃이 흐드러지게 피었다. 시력을 완전히 잃고 몸을 제대로 가눌 수 없는 진희씨가 엄마의 도움으로 유채꽃밭을 걸었다. 나는 내심 봄날의 풍경을 즐길 수 없는 진희씨가 안타까웠다. 그런 생각도 잠시, 진희씨가 내 편견을 깼다.

"저도 다치기 전에는 풍경을 보면 시각이 먼저였어요. 예쁘다, 이렇게요. 근데 다치고 나서는, 바람을 타고 오는 꽃향기를 맡을 수 있게 됐어요. 벌 소리와 새소리도 듣고요."

꿀을 따는 벌의 모습이 내 눈에 들어왔다.

"후각과 청각이 발달해, 초능력을 얻었네요."

내가 달뜬 반응을 보이자, 진희씨가 발랄한 목소리로 받았다.

"저기는 비료 냄새가 많이 나더라고요. 멀리서 쌍욕 하는 소리도 들려요. 재밌어요."

서로 킥킥 웃었다. 진희씨가 이렇게 웃음을 되찾기까지는 긴 시간이 걸렸다. 진희씨는 지금도 병원에 있다.

진희씨는 어떠한 빛도 감지할 수 없는 시각 장애 1급, 뇌를 다쳐 팔다리를 자유롭게 쓸 수 없는 뇌경색 장애 4급 판정을 받았다. 기억력, 인지 능력, 체면을 차리는 능력도 떨어졌다. 병원 신경과 · 정신건강의학과 · 산부인과 · 순환기내과 · 재활의학과 등에서 정기적인 치료를 받고 있다.

나는 전날 오후 진희씨를 처음 만났다. 인터뷰를 위해 진희씨와 마주 앉았다. 나는 많이 긴장했다. 궁금하다고 이것저것 물어볼 수 없었다. 그녀의 감정 상태를 살피며 조심스레 질문을 던졌다. 진희씨에게도 내게도 쉽지 않은 시간이었다.

사실 2016년 '불법파견 위장취업 보고서' 기획 기사에 진희씨의 사연을 담은 적이 있다. 그때는 박활동가가 전하는 그녀의 단편적인 사연만 썼다. 진희씨의 부모가 기초생활수급자였고, 어려운 가정환경에서 최저임금을 받는 파견노동자로 일한 대가는 끔찍한 산업재해였다고 기록했다. 이번에 직접 얼굴을 맞대는 만큼, 그녀가 겪은 일을 잘 기록해야겠다는 부담이 컸다.

다행히 진희씨는 느리고 차분한 목소리로 내 질문에 답했다. 장학생으로 국립대에 입학했던 그녀가 왜 공장에서 일하다 쓰러져야 했는지를. 인터뷰하면서 그녀는 눈물을 몇 번이나 쏟았다. 그래도 꿋꿋이 말을 멈추지 않고 이어나갔다.

• • •

진희씨는 2006년 대학에 들어간 뒤, 김치공장이나 편의점 등에서 아르바이트를 하며 생활비를 벌었다. 몇 년 후 아버지는 일하지 못할 정도로 건강이 나빠졌다. 진희씨는 창원을 떠나 친구가 있는 인천으로 향했다. 낮에는 사회복지사 공부를 하고, 밤에는 일했다.

파견업체 문을 두드렸다. 드림아웃소싱이라는 이름의 이 업체는 진희씨를 삼성전자 · LG전자 스마트폰 부품을 만드는 BK테크로 보냈다. 2016년 2월 11일이었다.

진희씨는 밤 9시부터 이튿날 오전 9시까지 12시간 밤샘 근무를 했다. 그녀가 한 일은 단순 반복 작업이었다. 공작기계의 내부 틀에 스마트폰 몸체 네댓 개를 끼운 후 스타트 버튼을 누르고, 절삭 공구가 몸체를 깎는 작업이 끝나면 몸체를 꺼내 에어건으로 불순물을 날리는 일이다. 이 이야기를 전하는 진희씨 눈에 당시 작업 환경이 그려졌다. 내가 한 일과 똑같았다.

"관리자가 작업시간을 줄이라며 공작기계 문을 닫지 말라고 했어요. 공장 쪽은 환기 시설을 마련하지 않았고, 마스크와 목장갑만 주고 일하라고 했어요. 어느 날에는 메탄올이 담긴 통을 옥상에 옮겨놓았더라고요. 고용노동부의 점검을 피하려고 했던 것 같아요. 참 원망스러워요."

일한 지 나흘째인 16일 밤 출근길, 스마트폰 화면이 보이지 않았다. 정신이 아득히 흐려졌다. 출근했지만 일할 수 없었다. 새벽 2시에 조퇴해 집으로 향했다.

17일 진희씨는 깨어나지 못했다. 그날 밤, 같이 사는 친구가 119를 불렀고 진희씨는 밤 10시경 순천향대 부천병원 응급실로 옮겨졌다. 병원 쪽은 이튿날 새벽 경남 함안 집에 있던 진희씨의 부모님에게 전화했다. 아버지는 그날을 생생히 기억한다.

"애가 중환자실에 올라간다고 했어요. 핏속에 불순물이 많아 투석해야 하는데, 목에 투석장치 꼽는다고 하더라고요. 들어도 무슨 말인지 몰랐고, 멍했어요. 차를 타고 올라갔더니, 몸에 온갖 장치를 꽂고 식물인간처럼 누워 있더라고요. 이유를 물어봐도 아는 사람이 없었고, 저희 부부는 울기만 했어요."

병원에서 각종 검사를 한 결과, 대사성 산증, 뇌출혈과 뇌경색에 따른 뇌 손상이 심각했다. 곧 그 원인이 메탄올이라는 것도 확인됐다. 의사는 진희씨 부모님에게 말했다.

"깨어나긴 할 텐데, 심각한 장애가 남을 겁니다."

진희씨는 보름 뒤에 깨어났다. 몸을 제대로 가눌 수 없었고, 대소변을 가리지 못했다. 그녀가 할 수 있는 말은 "으으으으"뿐이었다. 더군다나 진희씨의 다친 뇌는 몸에 이상한 명령을 내렸다. 진희씨는 갈증이 난다며 수액 줄을 뜯어 수액을 마셨다. 병원에서는 붕대를 사용해 진희씨의 손발을 묶어 놓았지만, 그녀는 입으로 붕대를 뜯어버렸다. 진희씨는 그때를 생각하면 식은땀이 흐른다.

"생각해보니, 미친 짓이었어요."

시간이 지나자, 다행히 뇌는 빠르게 아물었고 마비 증세는 조금씩 완화됐다. 진희씨는 말을 되찾은 뒤 소리 내어 말했다.

"앞이 보이지 않아요."

진희씨의 눈을 들여다본 안과 의사는 말했다.

"빛을 느끼지 못합니다. 처방할 수 있는 약이 없습니다. 경과를 지켜봅시다."

서울의 큰 병원 안과를 찾았지만, 답은 같았다. 진희씨는 실망하지 않으려 노력했다.

"눈보다는 걷는 게 먼저였어요. 걸을 수 있다고 생각하며 엄청 노력했어요. 눈은 차차 좋아질 거라 생각했어요."

재활 치료를 꾸준히 이어나갔다. 조금씩 진희씨의 팔다리에 힘이 들어가기 시작했다. 하지만 끝내 시력은 돌아오지 않았다. 눈물로 지새운 수많은 밤을 보낸 후, 진희씨는 현실을 받아들이려고 노력했다. 하지만 진희씨의 아버지는 딸의 눈을 포기할 수 없다.

“저는 한 줄기 희망을 품고 살고 있어요. 그거 없으면 삶이 지탱될 수 없거든요. 희망이 없으면 어떻게 살라고. 얘 나이, 이제 서른인데.”

• • •

진희씨의 실명은 막을 수 있었다. 실명의 그림자가 BK테크를 떠나려는 찰라, 대표 안씨의 거짓말 탓에 그림자는 다시 공장으로 돌아왔다.

진희씨가 삶을 잃어버렸을 때, 안씨의 회사는 사세가 확정되던 때였다. 2015년 BK테크에는 10여 명의 직원이 일했다. 직접고용 노동자는 5명이었고, 파견노동자도 비슷한 숫자였다. 정훈씨도 파견노동자로 이곳에서 일했다. 안씨는 2016년 1월 30여 대의 공작기계를 60대 가까이 크게 늘리면서, 공장 이전 작업을 시작했다.

안씨는 원 모 씨의 파견회사 드림아웃소싱에서 20여 명의 파견노동자를 받아 공장을 돌렸다. 진희씨도 이들 중 한 명이다.

당시 현순, 동근, 호남씨가 스마트폰 부품 제조공장에서 일하다 시력을 잃은 사실이 드러난 상황이었다. 고용노동부는 스마트폰 부품 제조공장의 메탄올 사용 여부를 확인하는 긴급 점검에 나셨다.

2월 3일 중부지방고용노동청 소속 근로감독관과 안전보건공단 직원들이 BK테크를 찾았다. BK테크 2층의 생산 현장은 공작기계를 이전해 설치하려는 공사로 어수선했다. 근로감독관들은 3층 사무실에서 안씨에게 메탄올 중독 실명 사건과 그에 따른 점검 사실을 전했다. 안씨는 메탄올의 위험성을 잘 알고 있다고 답했다. 그러면서 공장을 이전할 때 메탄올을 전부 버리고 에탄올을 새로 구매했다고 밝혔다. 그는 근로감독관들에게 에탄올 1600킬로그램을 인수했다는 내용의 인수증을 내밀었다.

근로감독관들은 약품 창고를 살폈다. 에탄올이라고 표시된 60여 통의 플라스틱 용기가 눈에 띄었다. 메탄올을 찾지 못했다. 근로감독관들은 노동자에게 메탄올이 유해하다는 것을 알리고, 보호 장비를 지급해야 한다고 말했다. 또한 국소배기장치 설치도 강조했다. 그들은 끝내 건물 옥상 구석에 숨겨진, 드럼통에 담긴 메탄올을 발견하지 못했다.

2월 초에는 2차 하청업체의 이사가 안씨를 만나 메탄올을 쓰지 말고, 에탄올이나 절삭유를 쓰라고 말했다.

같은 달 15일에는 한국산업보건연구원 연구원이 작업환경 측정을 위해 BK테크를 찾았다. 연구원은 측정 이후 결과 보고서에 '저독성인 에탄올을 사용하는 상태인 것으로 확인되었습니다'라고 적었다. 15일은 진희씨가 쓰러지기 이틀 전이다.

안씨는 2월에만 여러 차례 메탄올을 사용하면 안 된다는 주의를 받았지만, 이를 무시하거나 거짓말로 상황을 모면했다. 공장을 가동한 뒤 곧 에탄올이 떨어지자 남아 있던 메탄올을 사용했다. 이는 진희씨의 실명이라는 비극적인 결과로 이어졌다. 최소한 안씨는 보통의 산업재해 사건 가해자보다 더 엄한 처벌을 받아야 하지 않을까.

법원의 생각은 그렇지 않았다. 법원이 형사재판에서 물은 안씨의 죗값은 징역 1년 6월, 집행유예 3년과 80시간의 사회봉사였다. 심지어 판결문은 사실을 담아내지 못했다.

'피고인은 이 사건 범행 이전까지 메틸알코올의 위험성에 대해 온전히 인식하고 있었던 것으로 보이지는 아니한다. 피고인은 불법 수익을 도모하기 위한 의사에서 범행한 것으로 보이지는 아니하고, 관행에 따른 법률상 부지로 인해 이 사건 범행에 이른 것으로 보인다.'

안씨는 메탄올의 위험성을 알고 있었고, 불법 수익을 도모하기 위해 범행을 저질렀다. 또한 메탄올 중독 실명 사건 이후 메탄올 사용은 관행이 아니었다.

· · ·

안씨의 책임도 크지만, 파견업체 책임도 무시할 수 없다. 불법 파견이 없었다면 실명도 없었을 것이다. 특히 파견업체 드림아웃소싱 대표 원씨는 안씨와 특수 관계로서 BK테크 일을 도왔다. 형

동생 하는 사이로, 원씨의 아내는 안씨와 함께 BK테크 공동 대표에 이름을 올렸다. 원씨의 아내가 안씨 명의의 대출에 대한 보증을 섰기 때문이다. 원씨는 또한 화학물질 공급 업체를 세워 BK테크에 메탄올을 공급했다.

법원이 파견법 위반으로 원씨 본인과 회사에 부과한 벌금은 모두 합쳐 600만 원이다. 원씨는 처음에 진희씨에게 병원비와 진료비 수백만 원을 지원했지만, 몇 개월 뒤 돈도 연락도 끊었다. 진희씨 아버지는 분통을 터트렸다.

"괘씸함이야 말도 못 하죠. 사람이 최소한 도의적 책임은 져야 하는 것 아닙니까."

나는 취재를 하면서 드림아웃소싱에서 BK테크를 담당했던 노모 부장에게 전화를 걸었다. 진희씨 얘기를 꺼내자, "아, 산재보험으로 큰돈 받으신 분이죠?"라는 말을 늘어놓았다. 그에게 단도직입적으로 물었다.

"제조업 파견이 불법인지 아셨나요?"

"정확히 불법인지 합법인지 제가 잘…. 피해자 쪽도 속상하겠지만, 저희도 속상합니다. 사고 때문에 회사가 어려워져서 폐업했고 직장인들이 직장을 잃은 것 아닙니까."

전화를 끊고 구직 사이트를 살펴보니, 노부장은 다른 파견업체 소속으로 최저임금 파견노동자를 모집하고 있었다.

• • •

안씨, 노부장과 이야기를 나누면서, 파견업체 골드잡 대표와 한 전화 통화가 떠올랐다.

"내가 한 달에 1500만 원가량 벌어요. 사무실 비용 내고, 직원 6명에게 월급 주고 나면, 이것밖에 안 남아요. 그런데 당신 때문에 그 돈이 반 토막 나게 생겼어요."

휴대전화 수화기 너머에서 그는 씩씩거리고 있었다. 내가 파견노동자로 위장 취업했을 때 첫 번째로 간 공장이 골드잡을 통해 들어간 곳이었다. 그곳에서 겪은 저임금, 장시간 노동을 기사로 썼다. 5월에 기사가 나간 뒤, 공장과 일이 틀어진 그가 내게 연락을 한 것이다. 공장 내부 사진이나 기사 내용을 보고 골드잡과 관련된 사실을 알아낸 후, 이력서에서 내 연락처를 찾았다고 했다. 그는 내게 말할 틈도 주지 않고 쏘아붙였다. 그때 나는 정치부에서 일할 때였는데, 1시간 가까이 통화하면서 휴대전화를 붙들고 국회 곳곳을 옮겨 다녀야 했다.

"기자 이름을 확인해보니까, 우리 업체를 통해 공장에서 일했더라고요. 그 공장 책임자가 제게 '당신 회사가 파견을 보냈으니 책임지세요'라고 하네요. 영업하면서 돈을 얼마나 썼는데, 이 공장을 뚫으려고 얼마나 고생한 줄 알아요? 당신은 어떻게 책임질 거예요?"

그의 분노는 쉽게 가라앉지 않았다.

"다른 파견업체에서 돈을 받고 이런 일을 한 거예요?"

"기자로서, 파견노동자의 열악한 노동환경을 고발하려고 한 겁니다."

그는 내 말에 귀 기울이지 않았다.

"왜 하필 나한테 이런 일을 한 거예요? 당신이 날 죽이고 있는 거예요. 내가 당신 집 앞에 가서 혀 깨물고 죽든가, 몸에 불을 붙이든가 할 거예요. 당신 주소를 가지고 있어요."

골드잡을 통해 일을 구할 때, 집 주소까지 적은 기억이 떠올랐다. 섬뜩했다. 나는 그를 진정시키려고 최대한 차분히 대화를 이어나가려 했다. 그는 화를 내다가 곧 하소연도 늘어놓았다.

"내가 안 해본 일이 없어요. 택시도 몰아보고 막노동도 해보고, 내가 열심히 해서 여기까지 왔어요. 그런데 당신이 뭔데 나를 이렇게 죽이냐고요? 1500만 원 벌다가 반 토막 나면, 기자 양반은 어떻게 살 수 있겠어요? 난 못 살아요. 길바닥에 나앉는 거라고요."

말문이 막혔다. 함께 일했던 많은 파견노동자의 얼굴이 스쳤다. 그는 파견노동자들을 공장으로 보내면서, 돈을 번다. 반월 · 시화공단의 파견업체들은 보통 사용업체로부터 파견노동자가 받는 돈의 10퍼센트 내외를 관리비 명목으로 받는다.

나는 공장에서 2016년 최저임금인 시급 6030원을 받으며 일했다. '주 5일 하루 8시간 근무'에 맞춰 일하면, 한 달에 버는 돈은 126만 원 남짓이다. 문재인 정부 들어 많이 올랐다는 2018년 최저임금(시급 7530원)을 적용해도, 월급은 157만 원 수준이다. 여기서 세금을 떼고, 사회보험료를 제하면 실제로 손에 쥐는 돈은 훨씬 더 적을 것이다. 결국 늦은 밤까지 일하고 주말에도 일해야, 월세를 내거나 전세자금대출 이자를 갚고 아이들을 학원에라도 보낼 수 있다.

골드잡 대표는 과연 이들 앞에서 750만 원 받고는 생활할 수 없다고 떳떳이 말할 수 있을까. 참다못한 내가 쏘아붙였다.

"파견노동자들은 최저임금과 장시간 노동에 시달리고 있습니다. 그런 걸 알면서 그런 얘기를 하시는 건가요?"

"그걸 왜 나한테 얘기해요. 우리 회사는 법에서 정한 최저임금을 줬어요. 문제없잖아요. 최저임금에 문제가 있으면 청와대 가서 얘기하세요."

다시 말문이 막혔다. 틀린 말은 아니다. 박근혜 대통령은 지난 2012년 대통령선거 때 최저임금 인상 기준을 마련해 근로자의 기본 생활을 보장하겠다는 공약을 내놓았다. 그의 공약이 휴지 조각이라는 사실을 깨닫는 데는 얼마 걸리지 않았다.

전화 통화는 1시간 가까이 이어졌다. 흥분 상태인 그를 자극하지 않으려 했다. "어떤 말씀인지 이해합니다"라는 말을 여러 차례 했다. 전화를 끊으면서 근본적인 의문이 하나 들었다. 불법으로 돈을 벌고 있는데도 그는 왜 이렇게 떳떳할까.

파견업체는 원칙적으로 제조업 공장에 파견노동자를 보낼 수 없다. 골드잡은 나를 제조업체에 보냈고, 이는 파견법을 위반한 것이다. 문제는 불법 파견을 저질러도, 무거운 처벌을 받지 않는다는 데에 있다. 근로감독관 숫자가 적다는 이유로 파견법 위반을 단속하는 일 자체가 거의 없다. 단속에 걸려 노동청과 검찰의 조사를 받고 재판에 넘겨진다 해도, 보통은 벌금형을 받는 데 그친다. 행정적으로 파견업체 등록이 취소될 수 있지만, 다른 사람 명의로 새로 파견업체를 세우면 그만이다. 특히 내가 위장 취업을 하고 있을 당시에는 박근혜 대통령이 제조업의 불법 파견을 하루아침에 합법으로 바꾸는 파견법 개정을 밀어붙이고 있을 때였다. 파견업체 대표가 불법 파견을 안 할 이유가 없었다. 그래서 그는 떳떳했던 것 같다. 현재 골드잡이 있던 자리에는 다른 파견업체의 간판이 내걸렸다. 연락처가 같은 걸 보니, 사업체를 세탁하기 위해 이름만 바꾼 것으로 보인다.

골드잡 대표는 사용업체에 말을 잘 해달라고 호소했고, 마음 약한 나는 그의 말을 들어 사용업체 공장에 전화했다. 그쪽 관계자와도 통화하면서, 협박 아닌 협박을 들었다.

"휴대전화 부품을 만드는 공장에서 음성적으로 파견노동자를 쓰고 있어요. 그런데 기사 때문에 고용노동부에서 조사하면, 파견노동자를 내보낼 수밖에 없어요. 그러면 파견노동자들은 다른 일을 알아봐야 해요. 기자님 책임이에요."

나 때문에 파견노동자가 해고될 수 있단다. 파견법은 불법 파견으로 일하는 파견노동자를 직접 고용해야 한다고 명시하고 있다. 공장 관계자는 파견법을 모르는 걸까, 아니면 무시하는 걸까.

한 파견노동자가 내게 한 말이 떠올랐다.

"고용노동부가 단속해도, 회사는 파견노동자에게 '정규직 고용을 원하지 않는다'라는 내용이 있는 서류에 서명할 것을 강요해요. 파견노동자는 서명할 수밖에 없어요. 안 그러면 쫓겨나니까요."

어쩌면 내가 법의 무력함을 몰랐던 것은 아닐까.

...

진희씨 부모님은 몸이 좋지 않아, 일을 할 수 없다. 기초생활수급자다. 두 동생도 병원 치료와 간병 등을 하느라 일을 못 하고 있다. 진희씨 가족은 진희씨의 산재보험 급여와 부모님의 기초생활수급비로 생계를 유지하고 있다. 산재보험 급여를 웃도는 간병비, 비급여 처방비, 병원 생활비 등을 빼고 나면 남는 돈은 많지 않다.

진희씨는 현순씨, 동근씨와 함께 파견사업주, 사용사업주, 대한민국을 상대로 손해배상 청구소송을 제기했다. 문제는 승소해도 손해배상을 받을 길이 없다는 데에 있다. 진희씨의 파견업체와 사용업체는 모두 폐업했고, 대표로 있던 사람들의 재산은 거의 없다. 재산을 다른 사람 명의로 빼돌리지 않았는지 의심이 들지만, 이를 확인할 길은 없다.

...

무거운 현실이 진희씨를 짓누른다. 눈물이 왈칵 쏟아질 때도 많다. 하지만 진희씨가 있는 병실과 재활치료실에서는 웃음소리가 끊이지 않는다. 진희씨와 인터뷰를 하면서 나도 많이 웃었다.

"처음에는 '왜 하필 나한테…' 이런 생각을 많이 했죠. 근데 이미 벌어진 일을 어떻게 해요. 그 생각에 사로잡혀 있으면, 뭐 어쩌겠어요. 그냥 빨리 잊고, 살길을 찾아야지. 저는 생각이 좀 긍정적이라서."

병실에는 이야기꽃이 피었다. 주제는 진희씨의 초능력이었다. 진희씨가 이모라 부르며 따르는 간병인 선희 이모와 정옥 이모가 차례로 진희씨의 초능력을 하나씩 풀어놓았다. 선희 이모는 같은 병실에 있는 다른 환자의 간병인이고, 정옥 이모가 진희씨의 간병인이다.

"진희는 멀리에서 걸어오는 사람이 누구인지 다 알아요. 아무 소리도 들리지 않는데, 진희가 누가 온다고 하면 진짜로 그 사람이 와요. 하하. 또 손으로 만진다든지, 느낌으로만 누구인지 다 맞춰요. 천재예요, 천재."

"여자 같은 경우는 화장품 냄새로도 맞추더라고. 놀랄 때가 많아요."

진희씨에게 물었더니, "신발이 다르니까 걷는 것도 달라요. 그래서 알 수 있죠"라는 답이 돌아왔다. 시간에 대한 기억력도 이모들을 놀라게 한다. 시계를 볼 수 없는 진희씨는 반복되는 일상을 기억해 시간의 흐름을 놓치지 않는다. 선희 이모가 신나서 말을 이었다.

"아침에 수간호사 쌤이 회진할 때 방을 깨끗이 해야 해요. 다들 드라마 보고 있는데, 진희는 하나도 안 까먹고 얘기를 해요."

진희씨가 그 비밀을 공개했다.

"아침에 드라마 할 시간쯤 되면, 수간호사 쌤이 와요. 언제 한번 수간호사 쌤이 선희 이모한테 행주를 치우라고 했거든요. 그래서 제가 그다음 날 수간호 쌤이 올 시간에 선희 이모한테 '행주!'라고 했더니, 이모는 '수건이야'라고 하더라고요. 하하."

진희씨는 재활 치료를 함께 하는 환자들과 어울려 지내면서 용기를 얻는다. 또한 메탄올로 시력을 잃은 다른 피해자들의 존재는 진희씨에게 큰 힘이 된다. 2016년 4월 진희씨가 순천향대 부천병원에 입원해 있을 때, 현순씨가 찾아왔다. 창밖엔 벚꽃이 바람에 날리고 있었다. 진희씨는 그날의 대화를 옮겼다.

"현순이가 용기를 많이 주고 갔어요. 자기는 약 먹고 치료받고 조금은 나았으니까, 나도 나을 수 있다고…. 밖에 벚꽃이 많이 피었으니까 보러 가자고 했어요. 어떻게 갈 거냐고 하니까, 자기 있으니까 걱정하지 말라고. 하하. 나도 치료받으면 보일 수 있겠지 생각했죠."

그 뒤 1년이 흘렀지만, 약속은 지켜지지 못했다. "내년에는 그 약속이 지켜지겠죠?" 나의 성급한 질문에, 진희씨가 답했다.

"그러게요. 눈이 계속 안 보이면, 조금이라도 보이는 현순이가 데려가겠죠. 안 그러겠어요? 하하."

• • •

이튿날 유채꽃을 보러 가기 전, 나는 진희씨에게 영상 하나를 찍자고 말했다. 몇 분가량 하고 싶은 말을 해달라고 했다. 선희 이모와 정옥 이모가 지켜보는 가운데, 하얀 블라우스를 입은 진희씨가 침대에 앉아 운을 뗐다. 자신이 겪은 비극을 담담히 말하기 시작했다. 곧 진희씨의 뺨에는 눈물이 흘러내렸다. 선희 이모와 정옥 이모는 훌쩍거렸다. 나도 시선 둘 곳을 찾지 못했다.

이 영상만으로 짧은 기사를 만들었다. 스토리펀딩에서만 수백만 원의 후원금이 들어왔다. 그녀의 눈물이 사람들의 마음을 움직였다.

"저는 드림아웃소싱이라는 파견업체를 통해 BK테크라는 회사에 들어가 LG 휴대폰 바디 몸체를 만드는 일을 하다가, 메탄올이라는 약품에 중독이 되어 뇌출혈과 뇌경색으로 인해 쓰러지고, 눈 시신경도 다치고, 눈이 보이지 않습니다.

지금은 밤낮도 구분할 수 없고, 사람이 있어야만 다닐 수 있고, 몸도 제대로 못 가눕니다. 재활을 통해 지금은 많이 나아진 상태이긴 하지만, 계속 병원에 있은 지 1년이 넘어가는 중입니다.

사회 구조적인 문제를 통해 하청업체들이 싼 메탄올을 쓸 수밖에 없다는 것을 이해하게 되었지만, 그래도 안전보호 교육을 통해 저 같은 피해자가 없게 해주었으면 좋겠습니다.

그리고 노동부에서도 꼼꼼히 검사를 통해 에탄올이 아닌 메탄올을 쓰는 업체들을 적발해서 다시는 저 같은 피해자들이 안 나오길 바랍니다. 그리고 삼성, LG에서도 자기네들은 책임 없다고 하지만, 그런 구조를 만들었기 때문에 하청업체들이 싼 가격을 쓸 수밖에 없다고 생각도 합니다. 사과했으면 좋겠습니다.

다시는 이런 일이 일어나지 않길 바라며, 비정규직이나 알바생들에게도 많은 관심을 가져주었으면 좋겠습니다."

"저도 다치기 전에 풍경을 보면 시각이 먼저였어요. '예쁘다' 이렇게요. 근데 다치고 나서는, 바람을 타고 오는 꽃향기를 맡을 수 있게 됐어요. 벌 소리와 새소리도 듣고요."

빨간 디오르 립스틱을 입술에 발랐다. 거울은 없었고, 눈은 허공을 향했다. 다소 해쓱했던 스물아홉 이진희 씨의 입술에 생기가 돌았다.

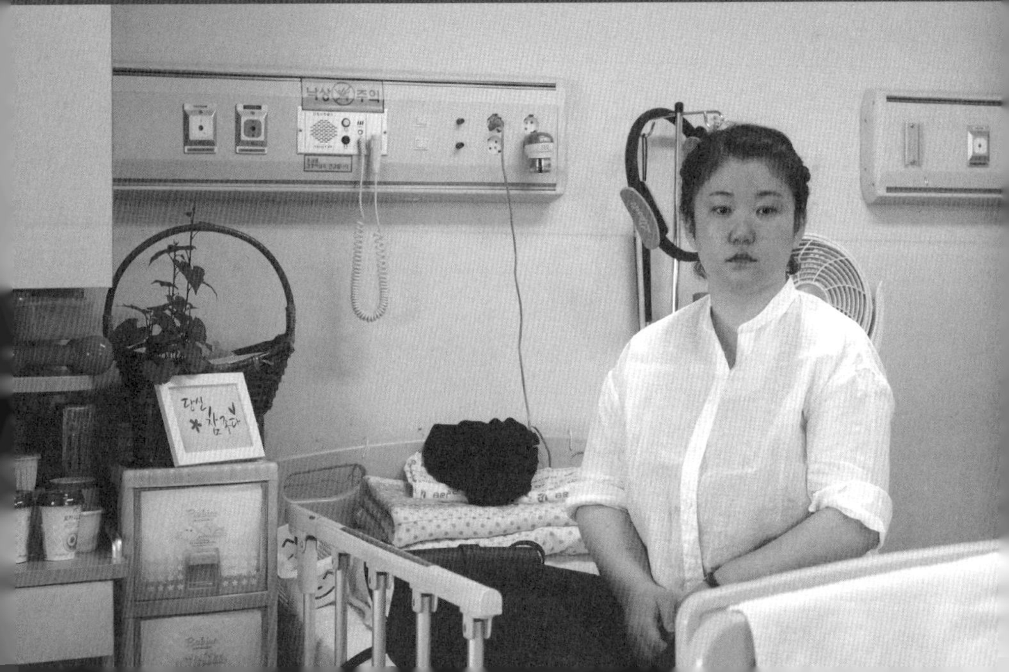

이진희 씨가 경남 창녕군 남지읍 유채꽃밭을 걷고 있다.

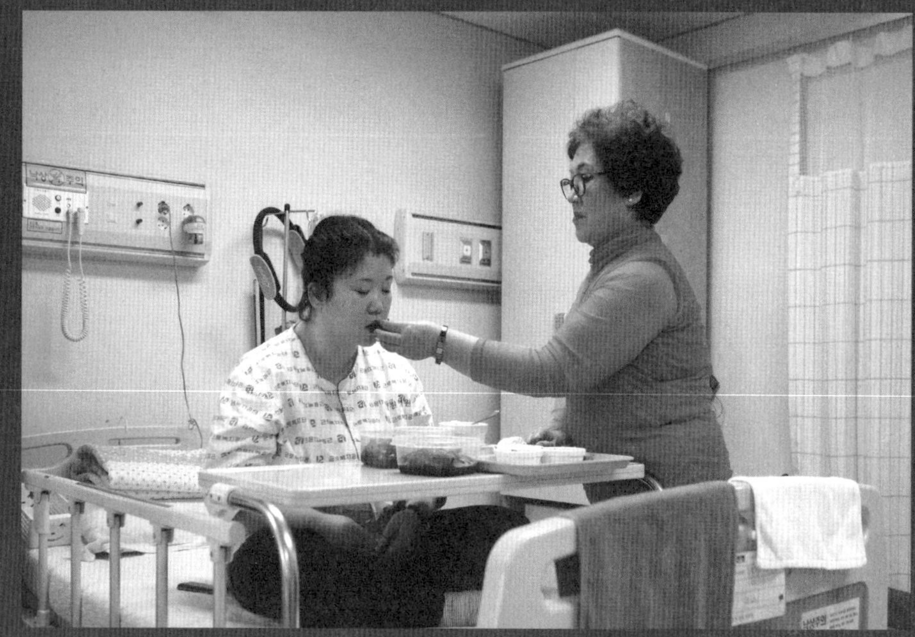

병실에서 간병인의 도움을 받아 식사하는 모습.

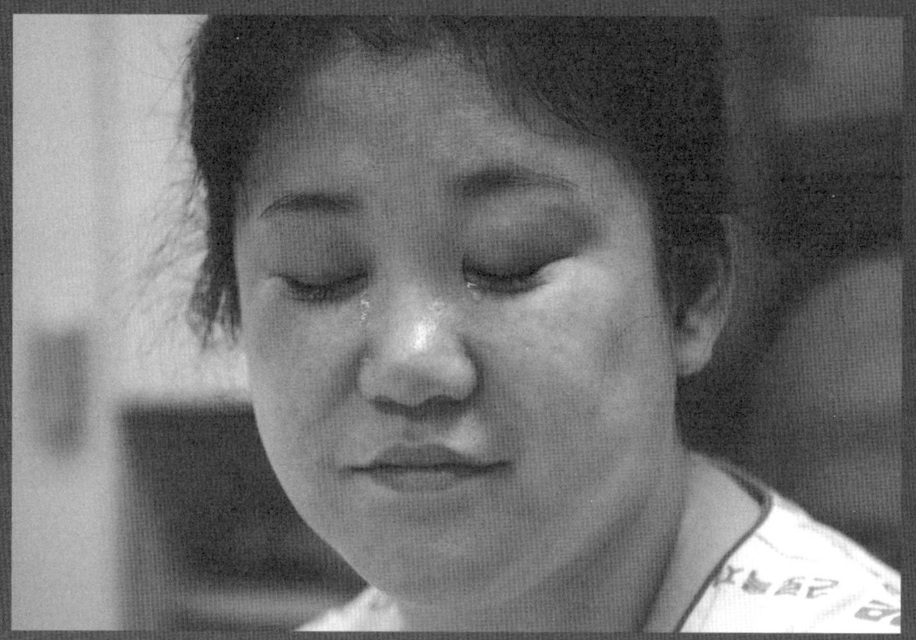

—— 인터뷰하면서 그녀는 눈물을 몇 번이나 쏟았다. 그래도 꿋꿋이 말을 멈추지 않고 이어나갔다.

13

이현순

엄마는 어린 딸을 보지 못한다

2017년 6월 중순 메탄올 중독 실명 사건의 피해자 이야기를 다룬 다음 스토리펀딩을 마무리했다. 7월 16일 서울 홍대입구역 근처 가톨릭청년회관에서 스토리펀딩을 정리하는 토크 콘서트를 열었다. 피해자의 이야기를 다시 한 번 세상에 알리고, 1745만 원을 모아준 후원자들에게 감사 인사를 전하기 위해서였다.

이현순 씨는 여섯 살 난 딸과 함께 찾았다. 딸은 여기저기 뛰어다녔고, 뭇사람들의 사랑을 독차지했다. 곧 토크 콘서트가 시작됐다. 피해자와 가족들이 무대에 올랐다. 한 명씩 돌아가면서 말을 했다. 마지막으로 현순씨가 마이크를 잡았다. 그녀는 말을 잇지 못하고 눈물을 쏟았다. 함께 무대에 올랐던 딸이 "엄마"라고 여러 차례 외쳤지만, 현순씨는 눈물을 그칠 수 없었다. 얼마간의 시간이 흐른 뒤 그녀는 흐느끼며 겨우 말을 이었다.

"여기 와주셔서 감사하고요. 저 같은 피해자가 또다시 안 나오게끔 제발 도와주세요."

사회자인 전수경 활동가가 얼른 말을 받았다.

"원래는 이현순 씨가 문재인 대통령한테 하고 싶은 말이 있어서 편지를 쓰고 싶어 했어요. 그런데 글씨 쓰기도 쉽지 않고, 또 하고 싶은 말은 너무 많은데 쓰기가 어려워서, 어제까지 굉장히 망설였습니다. 불러주면 저희가 받아 적고 제가 대신 읽어드릴까 했는데 그렇게는 못 하셨고. 다시는 나 같은 사람이 안 나왔으면 좋겠다고 말씀해주신 것에 우리 사회와 정치가 응답해야 할 것 같습니다."

토크 콘서트 내내 딸은 현순씨 품에 안겨 엄마의 눈물을 닦아줬다. 이 모습을 보고, 두 살배기 아들 생각이 났다. 내가 아들을 잘 보지 못한다면 어떨까. 상상만 해도 마음이 너무 시렸다.

현순씨는 왼쪽 눈으로는 사물을 볼 수 없다. 오른쪽 눈으로만 희미하게 사물을 볼 수 있다. 이마저도 컨디션이 좋을 때다. 하루에 한 번 이상은 현실을 받아들이지 못해 극심한 스트레스에 시달린다. 그럴 때면 사물을 인식할 수 없을 정도로 시력이 나빠진다. 왼쪽 팔다리는 제대로 쓸 수 없고, 다리를 전다. 의지와는 달리, 말을 떠듬떠듬한다. 대학병원에서 안과 · 신경과 · 정신과 · 비뇨기과 치료를 받고 있다.

현순씨는 딸을 생각하며 정신이 흐려지지 않도록 노력하고 있다. 하지만 딸이 현순씨에게 "엄마, 아야 해?"라고 물을 때마다 마음이 무너진다.

"딸한테 앞이 안 보이는 건 얘기를 하지 않았어요. 그런데, 지금은 알고 있어요. 아이한테 멍이 들었거나 두드러기가 나도, 제가 제대로 알 수 없잖아요. 그럴 때 가슴이 아파요. 딸이 내년에 초등학교에 들어갈 텐데, 엄마가 장애인이라서 놀림을 받지 않을까 걱정도 돼요."

현순씨는 피해자 가운데 유일하게 결혼을 해 딸을 두었다. 딸의 얼굴을 잘 보지 못하는 현순씨의 사연은 사람들의 안타까움을 자아냈다. 나 역시 그러한 주제로 기사로 썼고, 이후 EBS의 유명한 프로그램 '지식채널 e' 역시 이러한 현순씨의 사연을 세상에 알렸다.

현순씨는 또 다른 피해자가 없었으면 하는 마음으로, 여러 시사 프로그램에 나섰다. 시력을 잃은 후 시사 프로그램 출연을 주저하다가 마음을 고쳐먹은 것은 진희씨도 시력을 잃었다는 소식을 들었기 때문이다. 그 뒤 현순씨는 진희씨를 찾아가 손을 꼭 잡았다.

자신의 망가진 일상을 카메라 앞에 드러내는 게 쉬운 일이 아니지만, 현순씨는 마음을 굳게 먹은 지 오래다. 기자로서 현순씨가 참 대단하다는 생각이 들기도 하고, 미안한 마음이 들기도 한다.

···

현순씨를 처음 만난 건 2017년 4월 4일이다. 애초 오전에 만나기로 했지만, 당일 그녀는 약속을 오후로 미루었다. 그날 그녀는 겸연쩍은 얼굴을 했다.

"일주일에 한 번씩은 잠이 안 와요. 그럴 땐 수면제를 먹고 자요. 새벽 4시까지 잠이 오지 않아서 수면제를 먹었어요. 도저히 오전에 잠을 깰 수 없었어요. 그래도 그 와중에 기자님한테 전화할 생각을 했네요. 하하."

나도 웃으며 말을 받았다. 하지만 며칠 뒤, 박혜영 활동가는 그녀에게 수면제가 어떤 의미인지 귀띔했다. 가슴이 서늘해졌다.

2016년 그녀는 일주일 치 수면제를 한 번에 삼켰다. 다행히 이틀 뒤 깨어났다. 눈을 떠보니 병원의 격리병동이었다. 가족들은 다시는 그러지 말라면서 눈물을 쏟았다. 현순씨는 담담히 그때의 심정을 풀어놓았다.

"작년까지는 현실을 못 받아들였어요. '나보다 1년 먼저 이 공장을 다닌 사람도 있는데, 왜 하필 나였을까?' '내가 이렇게 살아서 뭘 하나' 하는 생각을 했어요. 깨어났을 때 울고 있는 가족에게 참 미안하다는 생각을 했어요. 마음을 고쳐먹기로 했어요."

2주 동안 격리병동에 있으면서 딱 한 번 딸의 얼굴을 봤다. 원래 어린이에게는 면회가 허용되지 않지만, 병원은 30분의 면회를 허용했다. 딸이 물었다.

"엄마, 괜찮아?"

"응, 엄마는 괜찮아."

그날 현순씨는 얼마나 많이 울었는지 모른다. 그로부터 얼마 뒤, 현순씨는 또다시 다량의 수면제를 삼켰다. "다시는 그러지 않겠다고 다짐했어요." 다행히 이번에는 그 약속을 지켰다.

왜 이런 비극이 일어났을까. 아무리 돌이켜봐도 그녀의 삶에 잘못은 없다. 현순씨는 2007년 고등학교를 졸업한 뒤, 그해 공장에 취업했다. 구직 사이트에 올라온 구인 광고를 보고 일자리를 얻었다. 고등학교를 졸업한 뒤 일을 구하는 또래의 많은 청년과 크게 다르지 않았다. 파견업체 소속으로 일하는 것은 특별한 일이 아니었다.

현순씨는 몇 개월 뒤, 큰 규모의 반도체공장으로 직장을 옮겼다. 7년을 일했다. 정직원이 됐고, 지금의 남편을 만나 딸을 낳았다. 직원을 무시하는 분위기 탓에 퇴사한 뒤, 파견업체 누리잡을 통해 2015년 9월 21일 YN테크에서 일했다. 시급은 5700원으로, 그해 최저임금 5580원보다 120원 더 많았다. YN테크는 29대의 공작기계로 갤럭시 스마트폰의 테두리와 홈 · 전원 · 볼륨 버튼을 만들어 2차 하청업체에 납품했다. 파견노동자는 주야 맞교대로 각각 13명씩 일했다.

야간 근무를 해야 했다. 현순씨는 누리잡의 윤 모 이사에게 주간 일을 하고 싶다고 했다. 윤이사는 돈 얘기를 꺼내며 받아들이지 않았다.

"아이가 있으니, 야간 일을 해서 돈을 많이 벌어야죠."

주말 없이 주야 맞교대 12시간 근무를 해도, 손에 쥐는 돈은 200만 원을 조금 넘는 수준이었다.

누리잡은 돈을 이유로 현순씨를 사회 안전망 바깥으로 내몰았다. 현순씨의 4대 보험 가입을 막은 것이다. 윤이사의 말은 이렇다.

"4대 보험에 가입하면, 현순씨 월급이 깎이잖아요. 가입하지 않는 게 좋아요."

현순씨는 생산 제품이 공작기계에 입력한 수치대로 나왔는지 여러 도구를 사용해 검사하는 일을 맡았다. 그녀는 직접 공작기계를 다뤄 부품을 생산하는 일도 했다. 공장에는 문이 달려 있지 않은 공작기계가 많았다.

공작기계에서 쏟아져 나온 메탄올이 공장 곳곳으로 퍼졌다. 회사는 그녀에게 천으로 된 일반 마스크나 종이마스크, 목장갑이나 니트릴장갑을 지급했다. 메탄올을 취급하는 노동자를 제대로 보호할 수 없는 장비다. 심지어는 이러한 최소한의 보호 장비조차 지급하지 않아 맨손으로 작업한 날도 많았다.

국소배기장치나 환기 시설은 제대로 작동하지 않았다. 결국 현순씨는 어떠한 보호 장비도 없이 일하다가 메탄올의 공격에 무방비로 당한 셈이다.

2016년 1월 15일 오후 7시, 현순씨는 속이 울렁거려 토를 했다. 머리도 아팠다. 출근을 2시간 앞둔 때였다. 출근 도장을 찍은 후 병원에 갔다. 피검사를 했지만 아무 이상이 없었다. 의사는 현순씨 몸에 링거를 꽂았다. 그녀는 2시간가량 수액을 맞고 다시 공장으로 돌아와 일했다.

시간이 갈수록 정신이 흐려지고 얼떨떨했다. 눈도 잘 보이지 않았다. 다음날 오전 9시 밤샘 근무를 마친 후 집으로 향했다. 바로 잠들었다. 오후 2시께 일어났다. 사물을 구분할 수 없을 정도로 세상이 흐릿하게 보였다. 화장실에도 못 갔다. 현순씨는 곧바로 이대 목동병원 응급실로 옮겨졌다. 스스로 숨을 쉬기 어려울 정도로 상황이 나빠졌다.

엑스레이, MRI, CT. 현순씨가 인공호흡기에 의존해 사투를 벌이던 10시간 동안 각종 검사가 이어졌다. 저산소증과 뇌 손상이 확인됐다. 현순씨는 이튿날 새벽 중환자실로 옮겨졌다. 현순씨는 곧 의식을 회복했다. 문제는 눈이었다. 눈을 뜨니 암흑이었다. 현순씨가 간호사에게 물었다.

"여기 왜 불을 안 켜요?"

"여기 되게 환한데…."

시력에 문제가 생겼다. 처음에는 그 원인을 알 수 없었다. 현순씨 가족은 그녀가 쓰러지기 전, 공장에 알코올 냄새가 심하게 난다고 했던 말을 기억해냈다. 확인 결과 YN테크에서는 메탄올을 사용하고 있었다. 이대 목동병원 김현주 교수는 현순씨의 증세가 메탄올 중독 탓임을 확신했다. 각종 측정 자료는 메탄올 중독을 가리키고 있었다.

현순씨가 병원에 실려온 지 사흘이 지난 1월 19일 현순씨의 소변 검사에서, 1리터당 7.632밀리그램의 메탄올이 검출됐다. 노출

기준(1리터당 15밀리그램)의 절반 수준이다. 문제는 메탄올의 반감기가 2~4시간이라는 것이다. 계산해보면 얼마나 높은 농도의 메탄올이 현순씨의 몸을 공격했는지 상상하기 힘들 정도다.

이 사건이 세상에 알려지자, 우리 사회는 발칵 뒤집혔다. 근로복지공단은 이례적으로 시력을 잃은 현순씨의 산재보험 요양급여 신청을 곧바로 받아들였다. 여론이 잦아들자, 분위기가 바뀌었다. 현순씨는 극도의 정신적 스트레스를 받았다. 정신 질환으로도 산재보험 요양급여를 신청했다. 현순씨는 남편과 함께 근로복지공단 산하 '서울 업무상질병판정위원회'에 들어갔다. 남편은 그날의 첫 질문을 잊지 못한다.

"'왜 왔어요?' '어디가 아파서 오셨어요?' 이런 식의 질문이었어요. 서류를 다 앞에 두고 있으면서. 멀쩡하면서 아픈 척 꾸며 산재 승인을 받으러 온 사람 취급을 하더라고요. 죄인 취급이죠. 가뜩이나 정신적 스트레스를 받은 아내는 한마디도 못 했어요. 제가 다 답변했어요."

현순씨와 남편은 가해자들에게도 큰 상처를 받았다. 현순씨가 중환자실에 누워 있을 때, 누리잡 윤이사는 현순씨 남편에게 이렇게 말했다.

"술 때문에 그렇게 된 거예요."

남편은 기가 막혔다. 시간이 지난 후, 현순씨는 남편으로부터 이 말을 전해 들었다.

"같이 일하던 사람들이 좋았어요. 일 끝나고 함께 하는 술자리를 좋아했어요. 그런데 제가 쓰러진 건 회사의 잘못이잖아요. 어떻게 제가 술자리를 좋아하는 것 때문이라고 할 수 있어요? 정말 나쁜 사람들이에요."

· · ·

"535017, 원고 이현순 외, 피고 누리잡 외."

2017년 5월 18일 오후 서울중앙지방법원 562호 법정. 재판장이 사건번호와 원고 · 피고의 이름을 부르자 재판이 시작됐다. 이현순, 방동근, 이진희 씨가 사용사업주, 파견사업주, 대한민국을 상대로 손해배상 청구소송을 제기한 지 1년 만의 첫 재판이었다. 그동안은 신체 감정 등을 둘러싼 공방이 이어졌다.

먼저 피해자를 돕고 있는 민변 변호사가 피고들의 책임을 따졌다. 이어서 재판장이 피고들의 변호인에게 입장을 물었다. '피고 1' 파견업체 누리잡 대표 이씨의 변호인은 단호히 말했다.

"불법행위로 인한 손해배상은 없습니다. 나머지는 답변서로 갈음하겠습니다."

변호인의 답변에, 판결문과 답변서 하나가 머리를 스쳤다. 이씨는 2016년 6월 인천지방법원 부천지원에서 징역 6월, 집행유예 1년의 유죄 선고를 받았다. 이현순 씨와 방동근 씨를 비롯해 100명의 파견노동자를 YN테크에 보낸 것을 두고 불법 파견 사실이 인정된 것이다. 다만 판사는 그가 잘못을 깊이 반성하고 있다면서 선처했다.

이씨는 항소하지 않았고 형이 확정됐다. 감옥에 가지 않았다. 이후 민사재판에서는 불법행위가 없었으니 손해배상을 할 이유가 없다고 주장하고 있다. 이씨는 정말 반성하고 있을까.

이씨의 변호인은 2016년 9월 재판부에 현순씨와 동근씨의 손해배상 청구에 대한 답변서를 내기도 했다. 여기에서 변호인은 책임을 사용사업주인 '피고 2'에게 돌렸다.

'이 사건 사고는 사용사업주인 피고 2의 회사에서 산업안전보건법을 위반하여 발생하였고, 피고 1로서도 원고 1, 원고 2와 마찬가지로 손해를 입은 것으로서….'

'피고 2'는 YN테크의 대표 문씨다. 이 회사를 실제로 운영한 석씨의 아내이기도 하다. 문씨의 변호인은 읍소 전략을 택했다.

"회사가 망해서 문씨는 베트남에 내려가서 월급 300만 원 받고 일하고 있습니다. 남은 재산인 아파트 한 채를 파니까 1억 1000만 원이 나와서, 1000만 원으로 보증금을 얻고 이현순 씨와 방동근 씨에게 5000만 원씩 나눠서 보냈습니다."

재판장은 진희씨의 눈을 앗아간 피고들과 대한민국의 변호인에게 입장을 묻고 13분 만에 재판을 끝냈다.

며칠 뒤, 문씨 변호인이 재판부에 낸 준비서면의 내용을 봤다. 문씨는 메탄올이 위험한지 몰랐다면서, 책임의 상당 부분을 현순씨와 동근씨에게 떠넘겼다.

'피고(문씨)가 근로자의 보호 의무 내지 안전 의무를 위반한 것은 사실이지만, 그 원인을 모두 피고의 책임으로 탓할 수만은 없습니다. 원고들에게도 정상적인 작업을 하지 않았던 관계로 피해의 발생 및 확대에 상당한 영향을 미친 과오가 있습니다.'

'정상적인 작업을 하지 않았다'는 건 무슨 뜻일까?

'이현순은 치수 검사를 하고 시간이 남으면 친한 생산직 직원들의 업무를 도와주곤 했는데, 이러한 경우에 이현순이 생산직 직원이 아니다 보니 마스크나 작업 과정에서 에어건을 정상적으로, 즉 정상 방향에서 불러내는 작업이 미숙하여 메틸알코올에 노출되는 현상이 발생한 것입니다. 피고(문씨)는 이현순에게 생산직 직원의 일을 도와주라고 지시하거나 권유한 사실도 없습니다. 순전히 이현순의 자의에 의한 것입니다. 이러한 부분은 원고 이현순의 과실이라고 할 것이므로 상계되어야 할 것입니다.'

이쯤 되니 판사가 생각하는 반성이 무엇인지 헷갈린다. 누리잡 대표 이씨처럼, 문씨의 남편인 YN테크 실제 운영자 석씨 역시 진지한 반성을 하고 있다면서 형사재판에서 실형을 면했다.

인천지방법원 부천지원 판사는 2017년 2월 석씨에게 징역 1년, 집행유예 2년과 80시간의 사회봉사 명령을 선고했다.

판사는 "젊은 근로자들이 메탄올 과다 노출로 인해 실명에 가까운 심각한 시각 장해 등을 입는 사건이 발생했다. 죄질이 상당히 나쁘게 발생한 결과가 매우 중하다"라고 판단했다. 그러면서도 석씨가 자백했고 진지하게 반성하고 있다는 등의 이유로, 집행유예 꼬리표가 붙은 징역형을 선고했다.

얼마 뒤 나는 현순씨에게 재판 내용과 문씨의 준비서면 내용을 전했다. 현순씨는 숨을 헐떡였다.

“하…. 어처구니없네. 헉, 헉, 헉….”

그녀는 말을 잇지 못하고 거친 숨소리만 내뱉었다. 스트레스를 받으면 몸이 갑작스레 나빠진다. 그녀의 감정을 가라앉힌 뒤 진화를 끊었다. 그날 현순씨는 박혜영 활동가에게 여러 차례 전화했다. 그녀는 자신을 원망하며 복받치는 감정을 억누르지 못했다. 큰 상처를 받은 것 같았다. 과거 현순씨의 극단적인 선택을 잘 알고 있던 박활동가는 며칠 동안 마음을 졸였다.

“그날 네 잘못이 아니라고 계속 말했는데, 계속 자책하더라고요. 그날 현순씨가 잘못된 선택을 할지도 모른다는 생각에 얼마나 불안했는지 몰라요.”

• • •

현순씨를 처음 만난 날, 그녀는 혼자 대학병원에 간다고 했다. 나는 동행했다. 그녀는 한쪽 발을 끌면서 천천히 한발 한발 내디뎠다. 병원 구조는 복잡했고 사람들로 북적였다. 어디로 가야할지 혼란스러웠지만, 현순씨는 길을 잃지 않았다. 길을 아예 외운 탓이다.

마트에 가는 길도, 재활 치료를 위해 근로자건강센터에 가는 길도 혼자 걷는다. 처음엔 남편과 함께 했지만, 홀로서기를 위해 길을 외웠다.

뇌의 운동신경 영역을 크게 다친 현순씨가 걷는 것은 기적에 가깝다. 주치의는 현순씨가 앞으로 걷기 어려울 것 같다고 말했다. 하지만 당당히 진료실에 걸어 들어갔다.

"쓰러지고 열흘 만에 병원에서 퇴원했을 때, 친정에 한 달가량 있었어요. 그때 엄마가 외출하면 무조건 따라 나갔어요. 왼쪽 다리를 질질 끌면서. 꼭 걷고 싶었어요."

현순씨는 웃으면서 자신이 겪은 일들을 늘어놓았다.

"시력이 회복되지 못했을 때는 냉장고를 열어 냄새를 맡아 반찬을 확인했어요. 젓가락질을 할 수 없어 손으로 먹은 적도 있어요. 아이, 부끄러워라. 하하."

"제가 생각한 것보다는 긍정적인 것 같은데요?"

"조금, 하하. 짜증을 내서 뭘 하겠어요. 이미 이렇게 된 거. 작년에는 그렇지 못했지만, 지금은 받아들이려고 노력하고 있어요."

현순씨를 만난 뒤 박혜영 활동가에게 그녀의 표정이 참 밝아 보였다고 했다. 현순씨를 잘 알고 있는 박활동가의 마음은 편치 않았다.

"늘 밝은데, 마음에 힘이 많이 없어요. 그래서 제일 걱정이에요."

항상 웃으려고 노력하지만, 때로는 온전히 현실을 받아들이지 못해 힘들어한다고 했다. 그녀가 내 앞에서 밝은 모습을 보이려고 얼마나 노력했을까 생각하니 마음이 무거웠다. 다른 피해자와 달리, 신속한 치료를 받아 시력이 다소 회복됐다는 사실이 현순씨를 움츠러들게 한다는 얘기도 들었다. 현순씨를 다룬 스토리펀딩 기사가 나가기 전, 박활동가에게 초고를 보냈다. 그녀가 극단적 선택을 한 내용이 담겨 있어서 쉽게 송고 버튼을 누를 수 없었다.

그날 밤 박활동가는 잠을 이루지 못했고, 이튿날 현순씨 집을 찾아갔다. 두 사람은 식당에서 밥을 먹고는, 햇살 좋은 길가에 앉아 손을 꼭 잡고 한참을 얘기했다. 박활동가가 그녀에게 말했다.

"힘든 얘기를 해줘서 고마워. 6명 피해자가 증상이 조금씩 다르고, 누구는 덜 아프고 누구는 더 아픈 게 네 잘못이 아니야. 다 피해자인 거잖아. 앞으로 더 잘 살아낼 힘을 갖는 게 중요해."

두 사람 앞에 회색 털을 가진 개가 지나갔다. 박활동가가 말했다.

"색이 너무 예쁘다."

"무슨 색이야?"

"응, 회색."

"언니, 난 다 회색으로 보여."

현순씨의 시력은 암흑만 보이던 처음보다는 조금 회복된 상태다.

현순씨는 치료를 받으러 병원에 갈 때도 혼자 걷는다. 홀로서기를 위해 길을 외웠다.

메탄올 중독으로 뇌까지 다쳐 자기의 의지대로 말과 행동을 할 수 없다. 이현순 씨는 말을 떠듬떠듬하고 한쪽 다리를 절게 되었다.

이현순 씨의 안경.

14

방동근

상견례 앞두고 일어난 비극

우리나라 최고의 병원은 아들의 치료를 포기했다. 치료 방법이 없다고 했다. 그 병원에서 나오는 날, 엄마는 숨죽여 울었다. 그렇다고 손 놓을 수 없었다. 용하다는 한의원을 수소문했다. 아들을 데리고 집에서 차로 1시간 거리에 있는 한의원을 매주 찾았다.

중국 동포인 방동근 씨 가족은 넉넉한 편이 아니다. 일용직으로 일하는 아버지 방철호 씨의 빠듯한 벌이에도, 매달 70만 원을 한의원에 쏟아부었다. 지금 사는 단칸방의 월세 45만 원보다 많은 돈이다. 아들을 치료할 수 있다면 돈은 중요하지 않았다. 그렇게 2년이 지났지만 아들은 여전히 앞을 보지 못한다.

아들이 눈으로 보는 세상은 지지직거리는 텔레비전 화면과 비슷하다. 낮과 밤만 어렴풋이 구분할 수 있다. 시력을 완전히 잃은 것이다.

엄마는 경북 김천에서 식당 일을 하며 돈을 벌었다. 아들의 실명 후에는 일을 그만두고 24시간 아들 옆에 꼭 붙어 있다. 아들은 혼자 옷을 입지도, 밥을 먹지도 못한다. 엄마는 아들과 결혼을 약속한 여자친구의 사진을 집 곳곳에 붙여놓았다. 사랑의 힘은 아들의 눈을 뜨게 할 수 있을까.

중국의 예술학교를 나와 춤과 노래를 좋아했고, 여자친구와 여행 다니기를 좋아하던 청년이었다. 웃기기를 좋아하고, 엄마한테 살갑던 아들이기도 했다. 그런 아들이 좁은 방에 갇혀 숨죽여 살았다. 이제 스물아홉이다. 동근씨가 나직이 내게 말했다.

"온종일 텔레비전 소리를 듣죠. 밖에 나가도 세상이 까맣고 하니까. 틀에 갇힌 기분이에요. 답답하죠."

그런 아들을 지켜보는 아버지의 속은 검게 탄 지 오래다.

"앞을 보지 못하니까 말수가 줄었어요. 옆에서 실망하지 말라는 얘기를 많이 해요. 앞으로 연구를 하니 좋은 약이 나올 거라고, 눈이 낫게끔 엄마 아빠가 노력하고 있다고요."

· · ·

2017년 3월 31일 나는 동근씨 가족의 한의원 가는 길에 동행했다. 충남 아산에서 일하는 방철호 씨는 금요일에만 경기도 부천의 집에 온다. 그날도 그랬다. 방철호 씨는 오전 9시 아내 채정순 씨와 아들 방동근 씨를 차에 태우고 고속도로로 향했다. 1시간이나 달려 다른 도시의 한의원에 닿았다. 입구에는 '눈!! 치료가 됩니다!'라는 홍보 문구가 내걸려 있었다.

한의원에 가는 금요일은 동근씨 눈을 치료하는 유일한 시간이기도 하다. 한의사는 침대에 누운 동근씨의 눈 주변에 많은 침을 꽂았다. 채정순 씨는 안타까운 표정으로 아들을 지켜봤다.

"얼마 전까지만 해도 눈 주변에 멍 자국이 가득했어요. 누구한테 얼굴을 얻어맞은 것처럼…. 그 모습을 보면 참 속상하죠."

1시간 뒤 집으로 돌아가는 길, 동근씨가 선글라스를 썼다. 동근씨는 열차 놀이를 하듯 문을 여는 엄마의 어깨를 붙잡고 따라나섰다. 한 노인이 의아하다는 표정으로 이 모습을 지켜봤다. 타인의 시선을 느꼈는지, 동근씨가 나중에 말했다.

"사람 많은 데 가기 싫어요. 아직 용기가 나지 않아요. 어떤 분들은 '눈이 안 보이나?' 이러면서 얘기해요. 그런 얘기를 들을 때 기분이 좀 그래요. 그래서 밖에 나올 때는 일부러 선글라스를 써요. 눈에 초점이 없다 보니 이상하게 보일 텐데, 남들한테 이런 모습을 보이기 싫거든요."

집에 도착하니, 점심때였다. 채정순 씨는 아들과 나를 위해 밥상을 차렸다. 그녀는 동근씨를 상 앞에 앉히고 밥을 만 갈비탕을 그 앞에 두었다. 동근씨의 손에는 숟가락을 쥐여주었다. 동근씨는 조심스럽게 밥을 먹기 시작했다. 채정순 씨는 아들의 입에 반찬을 넣어주었다.

"조금이라도 보이기만 하면, 얼마나 좋겠어요. 그냥 혼자서 밥만 먹을 수 있었으면…. 반찬은 뭐 있는지 보고, 지 먹고 싶은 거 먹고 이런 정도만 돼도 좋겠어요."

밥상에서 동근씨에게 닥친 비극의 무게를 어렴풋이 실감할 수 있었다. 그는 지난 1년 동안 암흑 속에서 무슨 생각을 했을까. 조심스레 질문을 던졌다. 그는 담담히 입을 열었다.

"왜 하필 나일까. 차라리 다른 사람이었으면…, 하는 나쁜 생각도 많이 했죠."

• • •

2016년 1월 16일 오전 9시 YN테크 공장. 메탄올을 내뿜으며 스마트폰 부품을 가공하는 공작기계 수십 대가 일제히 멈추었다. 12시간의 밤샘 근무가 마무리됐다. 파견노동자들은 퇴근을 준비했다. 동근씨는 2015년 9월부터 이곳에서 4개월 가까이 일하고 있지만, 밤샘 근무는 여전히 피곤한 일이었다. 그때 동근씨와 동갑내기인 현순씨가 아프다고 호소했다.

"머리가 아프고, 몸이 이상해."

동근씨는 현순씨에게 얼른 병원에 가보라고 했다. 현순씨는 그날 이후 출근하지 못했다. 현순씨가 병원에 입원했다는 소식이 들렸다. 회사는 그녀가 시력을 잃고 뇌를 다친 채, 중환자실에서 사투를 벌이고 있다는 사실을 동료 파견노동자들에게 알리지 않았다. 공장은 아무 일도 없었다는 듯, 계속 돌아갔다.

그로부터 닷새 뒤 동근씨에게도 현순씨가 겪은 증세가 똑같이 나타났다. 1월 21일 오전 9시 밤샘 근무를 끝내고 퇴근하는 길, 그날따라 머리가 아팠다. 감기 증상처럼 느껴졌다. 집에 와서 감기약을 먹고 잠을 청했다. 출근을 2시간 앞둔 오후 7시 30분에 눈을 떴다. 어지럽고 눈이 아팠다. 세상이 다르게 보였다. 색깔은 사라졌고, 흑백만 남았다. 사물의 윤곽은 흐릿했다.

'감기 때문에 그런 거겠지.'

약국에 다녀온 뒤 다시 잠을 잤다. 밤 9시 출근 시각을 훌쩍 넘긴 자정에 눈을 떴다. 흑백 세상은 그대로였다. 아까보다 더 나빠진 것 같았다. 그는 심상치 않은 상황임을 직감했다.

"안압이 너무 높아서 안구가 터질 것처럼 아팠어요. 시력이 점점 나빠지면 마음의 준비를 했겠는데, 시력이 갑자기 나가니까…. 그야말로 날벼락이죠. 빨리 병원에 가야겠다는 생각밖에 없었어요."

같이 살고 있던 여자친구는 그를 택시에 태워 가톨릭대 부천성모병원 응급실로 향했다. 새벽부터 쉬지 않고 각종 검사가 이어졌다. 시력은 점점 나빠졌다. 날이 밝자, 아무것도 보이지 않았다. 그때 그의 마음은 어땠을까.

"두렵지는 않았어요. 안 보이는 게 이렇구나, 치료받으면 좋아지겠지 하고 생각했죠. 병원에서도 시신경염이라고만 했고, 앞을 못 볼 수 있다는 얘기는 안 했어요. 경과를 지켜봐야 한다고 했어요. 시신경은 몇 달 뒤에 돌아올 수 있다고 하더라고요."

병원은 동근씨가 앞을 보지 못하는 이유를 찾아내지 못했다. 채정순 씨는 아들을 치료하는 의사에게 실명이 공장 환경과 관련된 게 아닌지 물었다. 현순씨가 병원에 입원한 사실이 마음에 걸린 것이다.

"그건 아닙니다!"

의사는 버럭 신경질을 냈다. 채정순 씨는 입을 다물 수밖에 없었다. 엄마는 아들의 눈을 낫게만 해달라고 마음속으로 빌었다. 지금 그때를 돌이켜보면 의사들이 원망스럽다.

"어떤 의사는 메탄올을 마셨냐고 물어봤어요. 그걸 일부러 마실 사람이 어디 있겠어요."

그날 밤 파견업체 누리잡의 윤이사가 연락해왔다. 메탄올 얘기를 꺼내며 의사한테 얘기하라고 했다. 병원에서는 그날 자정께 부랴부랴 동근씨의 체내에서 메탄올을 빼내기 위한 투석에 나섰다. 30시간 넘게 투석이 진행됐지만, 이미 때는 늦었다. 투석 치료 후 병원에서 동근씨의 소변을 채취해 분석했더니, 1리터당 26.4밀리그램의 메탄올이 검출됐다. 1리터당 15밀리그램인 노출 기준을 크게 웃도는 것이다. 2~4시간인 메탄올의 반감기를 감안하면, 동근씨의 몸은 고농도의 메탄올로부터 큰 공격을 받은 뒤였다. 동근씨는 일할 때 보안경이나 송기 · 방독마스크 같은 개인 보호 장비를 받지 못했다. 공장에서 메탄올이 사용되고 있다는 얘기도 듣지 못했다.

YN테크 대표 문씨와 실제 경영주인 남편 석씨는 파견노동자의 안전엔 신경 쓰지 않았고, 오로지 이익에만 눈이 팔렸다. 2016년 2월 문씨는 중부지방고용노동청 부천지청의 조사를 받을 때도 책임을 미루면서 발뺌하는 데 급급했다.

메틸알코올과 에틸알코올의 단가가 차이가 나나요?

이번에 알았는데, 메틸알코올 200리터짜리 한 드럼당 9만 원 정도인데, 에틸알코올은 한 드럼 당 24만 원 정도 합니다. 저희가 단가 때문에 메틸알코올을 쓴 거는 아니고, 원청에서도 메틸알코올을 쓰라고 하고 저희와 같은 동종업계에서도 모두 메틸알코올을 쓰고 있었기 때문에, 저희도 당연히 이렇게 위험한 물질인 줄은 모르고 사용했었습니다. 이렇게 위험한 줄 알았으면 벌써 바꾸었을 겁니다.

몇 달 뒤 문씨의 남편 석씨도 부천지청의 조사를 받았다. 그 역시 책임 떠넘기기에 나섰다.

그동안 계속 메틸알코올을 사용해왔는데 왜 올해 1월에 근로자 2명이 메틸알코올에 급성 중독되었다고 생각하나요?

작업환경이 그전보다 더 나빠진 것도 아니고 그동안 계속 메틸알코올을 사용했는데 왜 1월에 중독 사고가 났는지는 저도 잘 모르겠습니다.

보안경, 방독마스크 등 보호구를 지급하고 착용하도록 조치하지 않은 이유를 말하세요.

저희는 메틸알코올이 이렇게 무서운 물질인지 잘 몰랐습니다. 저희도 그냥 알코올인 줄로만 알았습니다.

국소배기장치를 설치하지 않은 이유를 말하세요.

메틸알코올이 위험한 물질인지 몰랐기 때문에 국소배기장치를 설치해야 하는 줄 몰랐습니다.

관리 대상 유해물질인 메틸알코올을 취급하는 작업 근로자에게 메틸알코올의 명칭 및 물리적 · 화학적 특성 등 유해성 등을 주지하지 않은 이유를 말하세요.

제가 잘 몰랐습니다.

• • •

채정순 씨는 파견업체 누리잡 윤이사를 생각하면 이가 갈린다.

"의사는 환자 가족의 말을 무시했고, 윤이사는 메탄올 때문인 걸 알고 있으면서도 너무 늦게 말했어요. 치료 시기가 늦어졌잖아요. 그러지 않았으면 이런 상황까지 오지 않았을 텐데…. 사람 여럿 잡아먹을 사람이에요. 진짜 나쁜 사람이죠. 자식을 키울 텐데 그렇게 양심이 없을 수 있을까요."

언젠가 윤이사가 채정순 씨에게 전화를 해왔다. 치료하는 데 도움을 주겠다고 했다. 채정순 씨는 노무사를 만나 상의해보겠다고 답했다. 윤이사는 버럭 역정을 냈다.

"우리가 해준다고 하는데, 왜 노무사를 사요!"

윤이사는 그 뒤로는 한 번도 연락하지 않았다.

"전화를 한 번이라도 할 만도 한데, 전화도 없고. 못돼 처먹었어요. 진짜 나쁜 사람이에요. 남의 자식이라고. 싸대기를 후려갈겼으면 좋겠어요."

그녀의 말에서 분노가 느껴졌다.

동근씨는 그 뒤 서울아산병원에서 치료를 받았지만, 눈은 그대로였다. 문씨가 동근씨 병문안을 왔지만, 채씨의 마음은 풀리지 않았다.

그곳에서 동근씨는 채씨와 함께 중부지방고용노동청 근로감독관들을 만났다. 그들은 문씨의 산업안전보건법, 파견법 위반 사건을 수사하고 있다고 했다. 근로감독관은 파견노동자로서 정규직 직원에 비해 불이익한 대우를 받았는지 물었다.

"정식 직원은 야간작업을 하지 않았습니다. 다만 고○○ 차장님하고 주임님만 같이 야간 근무를 했습니다. 저희는 근무하는 동안 제대로 쉬지 못했습니다. 주간 근무하는 동안 주말 없이 나오고, 야간 근무를 하는 동안에도 계속 나옵니다. 야간에서 주간으로 바뀔 때 한 번 쉽니다."

근로감독관이 안전과 관련한 질문을 계속 던졌다.

"YN테크 사장이 가장 기본적인 보호 장치인 보안경, 방독마스크를 지급하지 않고 진술인을 위험한 물질인 메틸알코올에 장시간 노출되도록 했는데, 이를 어떻게 생각하나요?"

동근씨는 말을 잇지 못했다. 대신 채씨가 입을 열었다.

"억장이 무너지는 심정입니다. 어디다 하소연할 곳도 없고 치료가 된 후에도 너무 억울할 것 같습니다. 아이한테 물어보면 뭐라고 답을 하겠습니까? 무슨 표현을 하겠습니까?"

추가로 할 말이 있느냐는 근로감독관의 질문에 채씨가 재차 아들 대신 답했다.

"끝까지 치료를 해야 할 것 같고 용서를 하고 말고는 나중의 문제입니다. 아이 치료에 최선을 다할 것입니다. 용서는 차후에 생각할 겁니다."

이후 문씨는 동근씨에게 안부를 묻고 돈을 보내왔다. 2017년 2월 남편이자 실제 운영자인 석씨의 집행유예 판결 이후, 문씨는 연락을 끊었다. 그 이후 4월 스토리펀딩에서 동근씨 이야기가 다뤄지자, 문씨는 채정순 씨에게 연락했다.

"기자들이 찾아오나요? 왜 다시 이 얘기가 나오는 건가요?"

채정순 씨는 화가 났다. 그동안 연락이 없다가 기사가 나오니 다시 연락한 것이다. 그녀가 말했다.

"기자들이 많이 찾아오고 있어요."

채정순 씨는 박혜영 활동가를 통해 내게 고마움을 전달했다.

"자세히 써주셔서 속이 후련하네요. 고맙습니다."

내 글이 조금이나마 동근씨 가족에게 도움이 됐다니, 다행이었다. 하지만 문씨의 책임 떠넘기기는 막을 수 없었다. 문씨는 동근씨 등이 제기한 손해배상 청구소송에서 실명 책임의 상당 부분을 현순씨와 동근씨에게 돌렸다. 문씨의 변호인이 재판부에 낸 준비서면에서, 현순씨한테 그랬던 것처럼, 동근씨의 행동에 잘못이 있다고 주장했다.

‘다른 많은 생산직원에게는 아무런 증상이 나타나지 않은 것을 보면, 원고 방동근은 메틸알코올을 털어내는 작업을 할 때, 눈높이 이상의 위치로 올려서 작업을 했거나, 작업을 하던 중 무의식적으로 눈을 손으로 비비는 등의 행동을 했거나, 작업 중 에어건을 들고 장난을 쳤거나 하는 등의 특별한 행동을 했던 결과, 눈에 이상이 생겼다고 볼 수밖에 없습니다. 이러한 점은 과실상계가 인정되어야 할 것입니다.’

문씨는 이를 증명할 증거를 내놓지 못했다. 또 동근씨의 손해배상 청구가 인정된다 하더라도 손해배상금을 크게 줄여야 한다고 주장했다. 그가 중국 국적이라는 이유에서다. 문씨의 변호인이 2017년 5월 재판부에 낸 의견은 이렇다.

‘원고 방동근은 영주 F-5 비자로 입국한 중국 국적을 가진 사람이어서, 일정 시간 국내에서 체류한 후 중국으로 출국할 것이 명백합니다. 따라서 일실소득 부분에서 국내에 거주하는 기간 동안은 국내의 도시 일용 노임이 적용될 것이지만, 중국으로 출국한 후부터는 중국의 도시 일용 노임으로 산정되어야 할 것입니다.’

손해배상금을 계산할 때 중요한 것은 다친 사람이 일하지 못해 잃은 근로 수익이다. 문씨 쪽은 손해배상금을 조금이라도 줄이기 위해 이를 중국 임금으로 계산해야 한다는 주장을 한 것이다.

이는 전제부터 잘못됐다. 문씨 변호인이 스스로도 적시했듯이 F-5 비자는 영주권이다. 신고할 필요 없이 한국에서 무제한 체류가 가능하고, 어떤 일이든 할 수 있다. 중국으로 출국할 것이 명백하다는 문씨 쪽의 주장은 사실과 다르다.

문씨 쪽과 책임 떠넘기기를 하는 누리잡 대표 이씨 쪽은 동근씨의 손해배상금 산정만큼은 같은 의견을 냈다. 중국 국적이니 중국 현지의 일용 노동자 임금을 기준으로 손해배상금을 계산해야 한다고 주장했다.

• • •

동근씨는 시력을 잃은 사실을 중국에 있는 할머니 할아버지에게 아직 알리지 못했다. 일찍 한국으로 떠난 엄마 아빠를 대신해 동근씨를 키웠던 분들이다. 채정순 씨는 울먹였다.

"중국에 있는 할머니 할아버지한테 얘기를 못 했어요. 얘기하면 돌아가실 것 같아서. 전화하면 동근이는 잘 있는지 계속 물어봐요. 할머니 할아버지는 동근이 얘기하면서 전화도 없다면서 울고 그래요. 저는 잘 있다고 자꾸 거짓말을 해야 하니까, 전화를 못 하겠더라고요…."

동근씨는 여자친구를 생각하면 마음이 아프다. 애초 동근씨 가족과 여자친구 가족은 2016년 봄 상견례를 할 생각이었다. 하지만 1월에 동근씨가 쓰러지면서 일이 틀어졌다. 나는 애써 그를 위로한답시고 말을 꺼냈다.

"상견례는 미뤄진 거니까, 시간이 지나면…."

"상견례는 미뤄진 게 아니죠. 이렇게 됐으니까…. 여자친구한테도 미안하고. 여자친구가 참 안 됐죠."

그래도 여자친구는 가족과 함께 그의 인생을 지탱하는 고마운 존재다.

"항상 저를 믿어줘요. 언젠가는 보일 거라고 믿는 사람이에요. 눈이 보일 수 있다는 1퍼센트의 희망을 평생 안고 살아가야죠. 혹시라도 시력이 돌아온다면, 다시 여자친구랑 놀러 다니고 싶어요."

앞으로의 계획을 물으니, 그는 담담히 답했다.

"장애를 가졌다 해도 살아야죠. 아직은 현실을 받아들이지 못하는데, 뭐, 그래도 받아들여야겠죠."

"그럼, 세상에 나갈 생각도 하고 있나요?"

"어떻게 이렇게만 있겠어요. 슬슬 준비해야죠. 돈은 못 벌어도 밖에 나가고 싶죠. 이제 혼자 나가야죠. 넘어져도 보고, 부딪혀보고. 물론, 모르죠. 하다 보면 시간이 더 걸릴 수도 있고, 하기 싫을 수도 있고. 그렇지만 '할 수 있구나'라고 할 수도 있겠죠."

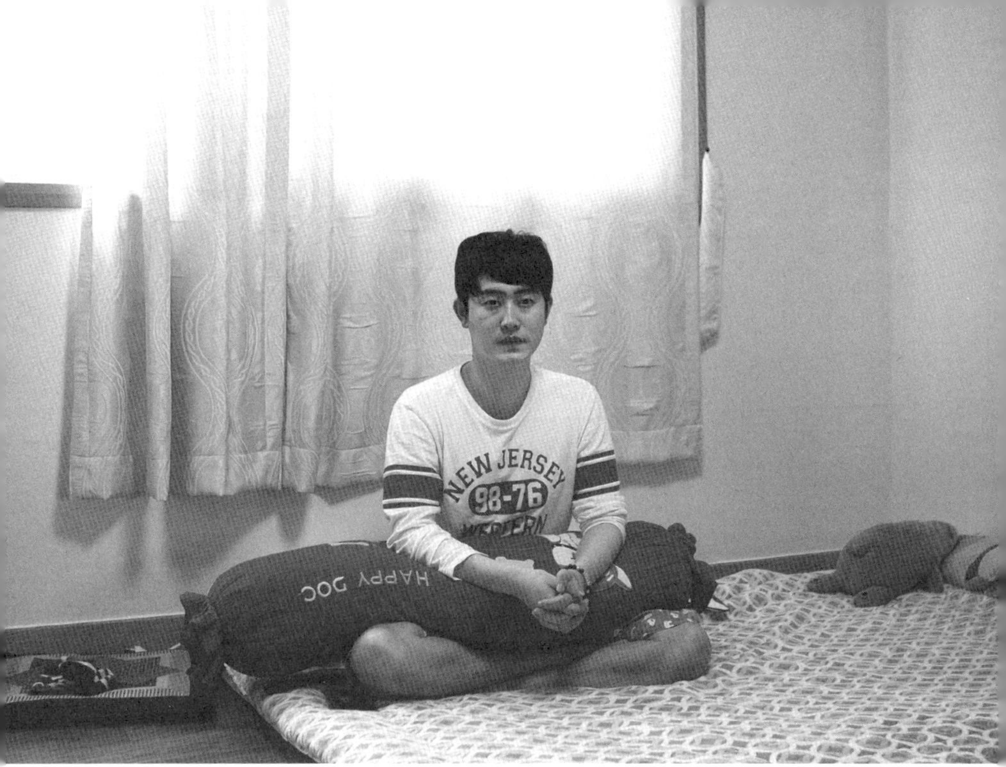

방동근 씨는 2016년 봄 상견례를 앞두고 그해 1월 시력을 잃었다.

동근씨는 밤과 낮만 구분하는 암흑 속에서 살고 있다.

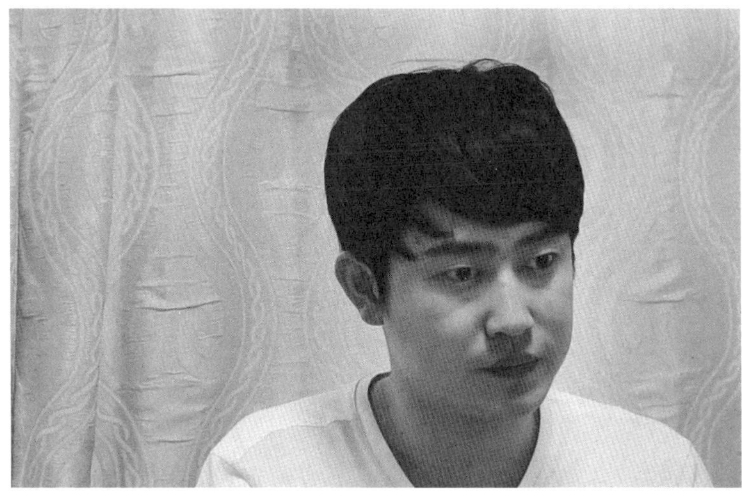

—— 방동근 씨 가족은 금요일마다 차로 한 시간 거리에 있는 한의원에 다닌다.

—— 방동근 씨가 보는 세상은 지지직거리는 텔레비전 화면과 비슷하다.

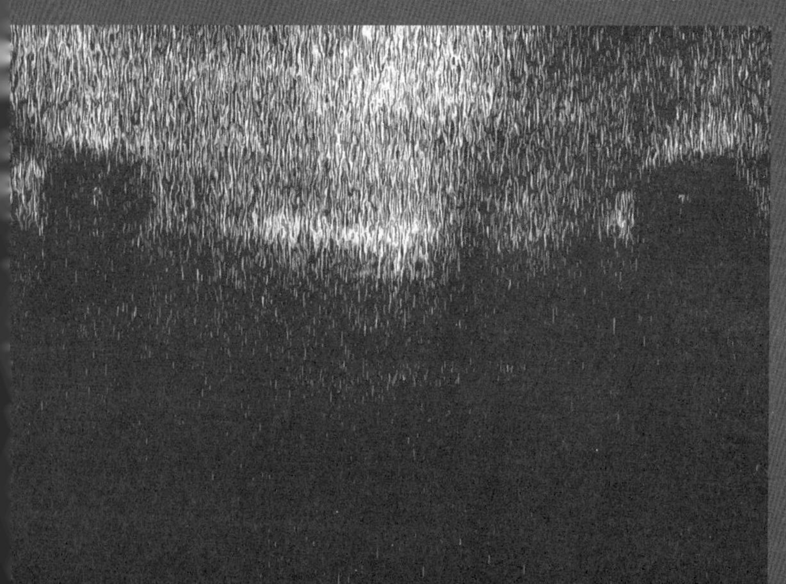

—— 방동근 씨는 열차놀이를 하듯 엄마의 어깨를 붙잡고 세상에 나선다.

15

양호남

법은 눈물을 닦아주지 않았다

양호남 씨의 누나를 만나러 가는 길은 참 멀었다. 몇 달 전부터 만나고 싶었지만, 쉽지 않았다. 호남씨 가족은 피해자 가족 가운데 유일하게 산재보험 급여 신청과 손해배상 청구소송에서 박혜영 활동가나 민변 변호사의 도움을 받지 않았다. 호남씨가 쓰러진 뒤, 누나는 길을 걷다 노무사 간판이 보이는 곳에 들어갔다. 노무사를 선임하지 않으면 중국 동포라 불이익을 당할 수도 있다는 두려움이 컸다. 이후 그곳을 통해 알게 된 노무사와 변호사의 도움을 받았다.

그래도 박혜영 활동가는 호남씨 가족을 도우려고 노력했고, 호남씨 누나는 마음의 문을 열었다. 2017년 6월 다음 스토리펀딩 기획이 마무리될 시점이 되자 더는 인터뷰를 미룰 수 없었다. 박혜영 활동가를 통해 만나고 싶다는 말을 전한 뒤, 호남씨 누나에게 전화를 걸었다. 연락이 닿지 않았다. 문자 메시지를 보내니 1시간 뒤 답문이 왔다.

'이번 주는 좀 어려울 것 같고요. 다음 주에 기자님이랑 시간 맞추는 게 어떨지요. 제가 연락드릴게요. 수고하세요.'

일주일을 기다렸지만, 연락은 없었다. 여러 차례 문자를 남기고 전화를 한 뒤에야 겨우 연락이 닿았다.

호남씨 누나는 경기도의 한 도시에 있는 공장에 다니고 있다. 그녀 또한 주야 맞교대로 일한다. 동생이 다친 사실을 주변에 알리지 않았다. 자신과 동생의 상황이 알려지는 걸 극도로 꺼렸다. 영상과 사진 촬영도 원하지 않았다. 호남씨 누나는 만남을 다음 주로 다시 미루자고 했다. 나는 동생의 억울함을 세상에 잘 전달하겠다고 설득했다. 다행히 마음의 문이 조금씩 열렸다. 우린 결국 2017년 6월 10일 오전에 만날 수 있었다.

토요일이었다. 그녀는 이번 주 내내 밤샘 근무를 했다. 이날도 밤샘 근무 후, 눈도 붙이지 못하고 카페로 나왔다. 미안했다. 첫 질문으로 호남씨의 상태를 물었다. 더 미안했다. 기록하는 사람의 숙명이라고 생각할 수밖에 없었다.

호남씨는 앞을 거의 볼 수 없다. 왼쪽 눈은 완전히 실명했고, 오른쪽 눈으로 희미하게 세상을 볼 수 있다. 시력만 잃었다면 차라리 다행이었을 것이다. 호남씨는 뇌를 크게 다쳐 정상적인 생활을 할 수 없다. 남들처럼 음식물을 꿀꺽 삼킬 수 없다. 고개를 숙이고 천천히 삼켜야 한다. 그나마 많이 나아진 것이다. 얼마 전까지 물도 마시지 못했다. 물이 폐로 들어갔다.

호남씨는 두세 달에 한 번씩은 꼭 눈이 뒤집힌 채 온몸에 경련을 일으키며 쓰러진다. 밥상 앞에서, 공원에서 쓰러지는 일이 일상이 됐다. 정신적 충격은 동생의 성격을 크게 바꿔놓았다. 엄마 아빠와 간병인들에게 신경질을 내며 막말을 쏟아낸다. 가족들이 할 수 있는 일은 그저 눈물로 세월을 보내는 것이다.

"시간을 돌려놓을 수 있으면 얼마나 좋겠어요. 그때 친구들이 있는 서울로 가겠다는 걸 막았다면…."

호남씨 가족은 중국 동포다. 호남씨 누나가 먼저 한국에 들어와 부산에 터를 잡았다. 부모님은 호남씨의 결혼 준비에 보탬이 되기 위해 한국에서 열심히 일했다. 2015년 가을 호남씨가 입국했고, 온 가족이 모여 거제도를 여행하며 추억을 쌓았다. 부산의 누나 집에서 살던 호남씨는 그해 12월 누나에게 경기도로 올라가겠다고 했다. 친구들과 함께 지내고 싶다고 했다. 누나는 걱정됐지만, 허락했다. 얼마 후 호남씨는 부산을 떠났다. 일주일 뒤 부천에 있는 스마트폰 부품 공장에 들어간다는 소식을 들었다. 다시 일주일이 지나자, 호남씨가 쓰러졌다는 얘기를 들었다.

누나는 동생의 비극을 두고 자신을 탓했다. 하지만 그녀의 잘못은 없다. 가해자는 따로 있다. 바로 호남씨를 불법 파견의 희생물로 삼고 수수료를 챙겼던 파견사업주와 이윤에 눈이 멀어 호남씨를 메탄올 그득한 공장에 밀어 넣은 사용사업주다. 중간착취를 허용하고 불법 파견을 제대로 단속하지 못하고, 가해자들에게 제대로 된 죗값을 묻지 못하는 대한민국 역시 그 책임에서 자유로울 수 없다.

· · ·

호남씨 누나는 2015년 12월 30일을 잊을 수 없다. 그날 일을 마치고 집으로 가는 통근 버스를 탔다. 오후 7시 30분쯤 전화가 왔다. 동생의 친구였다. 다급한 목소리였다.

"누님, 호남이가 쓰러졌는데, 의식이 없어요."

몸이 떨려 진정할 수 없었다. 그날 밤 렌터카를 빌려, 동생이 실려 간 수원 아주대병원으로 향했다. 호남씨는 의식 없이 중환자실에 누워 있었다. 의사는 말했다.

"평생 식물인간으로 살지도 모릅니다."

호남씨는 12월 2일 외국 국적 동포를 위한 '국내거소신고증'을 받았다. F-4 비자로 알려진 재외동포 체류 자격으로 국내에 머무르려는 동포는 국내거소신고증을 만들어야 한다. 거소증을 만들어 한국에 정식으로 정착한 지 한 달도 안 됐는데, 동생은 쓰러져 사투를 벌이고 있었다.

곧 남매의 부모님이 뒤늦게 병원에 왔다. 아들의 모습에 엄마는 눈물을 쏟더니 곧 까무러쳤다.

여자친구는 호남씨 곁에 머물렀다. 그에게 가수 KCM의 노래를 들려줬다. 호남씨가 평소 좋아하던 가수였다. 며칠 지나자 호남씨는 눈을 떴다. 의사가 다시 말했다.

"시지가 마비될 수 있어요."

다행히 또 기적이 찾아왔다. 호남씨는 계속 경련이 일어나는 가운데도 조금씩 몸을 움직이기 시작했다. 정신적 충격 탓에 몇 달 동안 말도 못 한 호남씨는 조금씩 입을 열었다. 기저귀도 몇 달 만에 뗐다.

"앞을 볼 수 없을 거예요."

의사가 말했다. 기적은 거기까지였다. 죽은 시신경은 되살아나지 않았고, 시력은 돌아오지 않았다.

• • •

호남씨와 가족들의 가슴에는 응어리가 맺혀 있다. 가해자만 생각하면 몸이 부들부들 떨린다. 호남씨는 쓰러진 뒤 한 달 동안 아주대병원 중환자실과 응급 병동에서 치료를 받았다. 파견업체 세울솔루션과 사용업체 덕용ENG로부터 연락은 없었다. 호남씨가 재활병원으로 옮긴 뒤에야, 덕용ENG를 운영하는 조씨가 호남씨를 찾아왔다. 호남씨의 누나가 따졌다.

"왜 이제야 왔어요?"

"전화번호를 몰랐습니다."

"거짓말하지 마세요!"

호남씨 누나의 말처럼, 조씨의 말은 거짓이었다. 조씨는 2016년 2월 중부지방고용노동청 부천지청에서 피의자 조사를 받을 때 호남씨가 중환자실에 있다는 사실을 알고 있었다고 자인했다.

피의자는 덕용ENG에서 근무했던 양호남의 메탄올 중독과 관련한 내용에 대해서 알고 있나요?

양호남이 2015년 12월 29일 야간까지 나오고 나서 회사에 출근하지 않아서 친구인 장○○에게 물어봤더니, 토를 해서 병원에 갔는데 첫 번째로 동네 병원에 갔다가 수원에 있는 아주대병원 중환자실에 있다는 얘기를 들었습니다. 그래서 파견회사인 세울솔루션에다가 얘기를 했습니다. 이런 일이 있는데 알고 있느냐고 하니까, 인원이 많아서 파악을 못 하고 있는 것 같았습니다. 처음 들었을 때, 소변에서 소주 반 컵 분량의 알코올이 나왔다고 들었습니다. 친구인 장○○과 주변에서 일하는 사람들에게 그렇게 들은 것 같습니다. 그래서 알코올 중독이라고 나중에 들었습니다.

파견업체 쪽도 조씨도 호남씨의 친구로부터 그가 중환자실에 있다는 얘기를 들었지만 적극적인 조치는 취하지 않았다. 자신이 운영하는 회사의 직원이 중환자실에 있는데도 어떻게 가만히 있을 수 있을까. 파견노동자라서 그런 건 아닐까. 호남씨의 누나는 거짓말을 한 조씨를 병원에서 쫓아냈다. 그 후로는 어떠한 연락도 없었다.

호남씨 가족이 조씨를 쫓아낸 이유는 또 있다. 조씨는 자신의 잘못을 인정하지 않았다. 심지어는 실명의 원인을 호남씨에게 돌렸다.

"자살 시도를 하려고, 메탄올을 마신 게 아닌가요?"

호남씨 가족이 선임한 노무사가 조씨를 찾아가 호남씨의 위독한 상태를 알렸을 때, 조씨가 한 말이다. 그 뒤, 이대 목동병원 김현주 교수가 조씨를 찾았을 때도 같은 말을 했다. 조씨는 노동청 조사 때도 생각을 바꾸지 않았다. 죄책감을 느끼지 못하는 사람처럼 보였다.

피의자는 사고의 원인이 무엇이라고 생각하나요?

저도 솔직히 모르겠습니다. 경기도 관내에 400대 정도 보유한 사업장이 있는데, 우리 사업장보다도 더 열악한데, 지금까지 그런 일이 없었는데 우리 사업장에서 이런 일이 발생한 게 이해가 가지 않습니다. 그래서 음독일 가능성도 있기 때문에 역학조사를 해서 원인관계를 확실히 밝혔으면 하는 게 제 생각이고 지금도 그 생각에는 변함이 없습니다.

피의자는 이번 사고에 대해 책임을 느끼시나요?

유해한 물질을 사용한 것은 제 잘못이라고 생각합니다. 그러나 양호남 사고와 관련해서는 아직 의구심이 남아 있는 것이 저의 솔직한 생각입니다. 저희 회사 전에 광주에서 핸드폰 렌즈 만드는 광학회사를 다녔다는데, 하루 근무하고 퇴사를 했다고 들었습니다. 언제인지는 모르지만, 그 이후에 저희 회사에 왔다고 들었습니다. 그래서 그 회사에서 왜 하루밖에 일하지 않았는지 그게 조금 의문이 듭니다.

양호남에 대한 보상과 관련해, 어떻게 하실 계획인가요?

양호남 가족 측에서 우리 쪽에 보상 관련해서 얘기가 있을 텐데, 그때 얘기 들어보고 합의를 할 생각입니다. 너무 큰 보상 금액을 요구하면 힘들고, 적정한 금액을 요구하면 보상을 할 계획입니다.

덕용ENG에서 팀장으로 일했던 조씨 아들 역시 부천지청에서 조사를 받으면서 아버지와 같은 의혹을 제기했다.

사고의 원인이 무엇이라고 생각하나요?

최근 들어 이런 재해가 3, 4건 발생한 것을 봤을 때 외국인들끼리 친하고 하니까, 이런 재해가 있으면 산재 보상이라든지 합의금이 있을 테니까, 그런 거를 바라고 이 정도까지 위험한지는 모르고 마셨을 수도 있다는 생각이 듭니다. 장난 삼아 실수로 마셨는데 이렇게 돼서 자기가 마셨다고 말을 못 하니까 지금 말을 못 한다고 하는데, 우리 쪽 노무사랑 양호남 노무사랑 얘기한 것을 들어보면 신경 쪽에 문제가 생겨서 말을 못 하는 것이 아니고 충격 등으로 인해 말을 못 한다는 얘기를 들으니 그런 의심이 좀 더 생깁니다.

호남씨가 메탄올을 마셨을 것이라는 조씨의 주장을 떠올릴 때마다, 누나는 피가 거꾸로 솟는 기분을 느낀다.

"진짜 당장이라도 가서…. 어떻게 함부로 그런 말을 할 수 있어요? 부모님 두 분 다 계시고, 결혼을 약속한 여자친구도 있었는데, 호남이가 뭐가 모자라 자살을 하겠어요."

호남씨 가족이 조씨 쪽을 상대로 손해배상 청구소송을 제기하자, 조씨 쪽은 합의금으로 2000만 원을 제시했다. 금액도 터무니없지만, 그의 재산을 감안하면 그가 정말 합의를 하고 싶은지 의심스럽다. 그는 부천지청 조사에서 아내 명의로 4억 원짜리 아파트를 보유하고 있다고 밝혔다. 또한 덕용ENG에 있던 공작기계 66대 모두 회사 소유라고 했다. 한 대당 수천만 원짜리다. 조씨 가족은 정말 돈이 없을까?

호남씨 가족은 조씨의 합의금 제안을 거부했다. 호남씨 누나는 합의금 얘기에 다시 씩씩거렸다.

"그 사람도 자식 키우는 부모일 텐데…. 애가 스물여섯 살밖에 안 됐잖아요. 앞으로 해야 할 일도, 하고 싶은 일도 많고, 꿈도 많았는데, 다 사라져버렸어요. 앞으로 어떻게 살아야 할지 모르겠어요. 진짜 합의를 보고 싶은 마음이 있었다면, 2000만 원을 얘기했겠어요?"

하지만 변호사는 합의를 권유했다.

"조씨 명의의 재산이 얼마 남아 있지 않습니다. 소송을 끝까지 해도 돈을 받기 힘들어요. 5000만 원에 합의를 보면 어떨까요?"

호남씨가 손해배상 청구소송에서 승소해도, 조씨로부터 받을 수 있는 배상금은 거의 없다.

"그 돈을 안 받으면 안 받았지, 가해자들이 감옥에 갔으면 좋겠어요."

처음에는 호남씨 누나도 당당했다. 하지만 조씨가 형사재판에서 가벼운 처벌을 받았다는 얘기를 듣고는 마음이 흔들렸다.

• • •

호남씨가 쓰러지기 11개월 전인 2015년 2월 김영신 씨도 같은 공장에서 시력을 잃었다. 영신씨의 존재는 2016년 10월에야 세상에 알려졌다. 검찰은 그로부터 한 달 뒤, 조씨가 호남씨와 영신씨의 시력을 빼앗은 범죄를 저질렀다며 그를 재판에 넘겼다. 인천지방법원 부천지원은 공소 제기된 후 두 달 보름 만인 2017년 2월 판결을 내렸다.

판사는 조씨의 산업안전보건법 위반 내용을 숫자를 매겨가며 판결문에 적시했다.

1. 관리 대상 유해물질인 메틸알코올 취급 장소에서 국소배기장치를 설치하지 아니하였고
2. 메틸알코올 취급 근로자에게 유해성 등에 대해 주지시키지 아니하였고
3. 메틸알코올을 취급하는 근로자에게 방독마스크를 지급하고 착용하도록 조치하지 아니하였고
4. 메틸알코올 소분 작업을 하는 근로자들이 사용할 수 있는 보호복, 보호장화를 갖추어 두어야 함에도 이를 이행하지 아니하였고
5. 메틸알코올이 흩날리는 업무를 하는 CNC 가공 공정 작업을 하는 근로자들에게 보안경을 지급하고 착용하도록 조치하지 아니하였다.

이로써 피고인은 건강 장해를 예방하기 위한 보건 조치 의무를 위반하였다.

판사는 또한 조씨가 호남씨의 실명 이후 메탄올 취급 노동자들에게 임시 건강진단을 실시하라는 고용노동부의 명령을 100퍼센트 이행하지 않은 점, 2014~2016년 제조업체인데도 파견업체 두 곳에서 151명의 파견노동자를 받아 파견법을 위반한 점도 지적했다.

판결문의 양형 사유는 아래와 같이 시작된다.

'근로자 양호남과 김영신이 실명되는 중한 상해가 발생한 점은 인정되나….'

하지만 그 뒤에는 조씨에게 유리한 내용이 나열됐다.

'피고인이 자신의 잘못을 반성하고 있는 점, 이 사건 범행은 메틸알코올의 위험성에 대한 무지에서 비롯된 것으로 보이는 점, 피고인이 일부 근로자들이 건강진단을 받도록 노력한 점, 양호남과 김영신이 산재보험 혜택을 받고 있는 점, 피고인이 벌금형으로 2회 처벌을 받았을 뿐 동종 범죄로 처벌받은 전력이 없는 점, 그 밖에 피고인의 나이, 성행, 환경, 건강 상태, 기족 관계, 범행 동기, 수단과 결과, 범행 후 정황 등 이 사건 변론에 나타난 여러 양형 조건을 참작해 주문과 같이 형을 정한다.'

결론은 징역 2년, 집행유예 3년이었다.

인천지방검찰청 부천지청은 항소장을 법원에 냈다. 검찰은 항소이유서에서 조씨가 반성하고 있지 않다고 밝혔다.

'피고인의 메틸알코올의 위험성에 대한 무지에서 발생한 범행인바, 본 건으로 인해 양호남, 김영신은 실명이라는 돌이킬 수 없는 중상해를 입게 되었습니다.

그럼에도 피고인은 위 근로자들과 합의한 사실도 없고, 진지한 사과조차 하지 않았으며, 오히려 검찰에 이르기까지 자해 가능성이 있다는 주장을 견지하는 등 반성의 기미 또한 전혀 보이지 않고 있습니다.

이상의 점에 비추어 보면, 피고인의 본 건 범행에 대해 엄중히 경고하는 한편, 위험 물질을 다루는 책임자들은 근로자들을 위한 안전 조치에 충실해야 한다는 점을 인식시켜주어야 할 필요가 있음에도 원심의 형은 과경하여 이에 대한 시정을 구할 필요가 있습니다.'

인천지방법원에서 조씨의 항소심 재판을 준비하는 사이, 검찰은 조씨가 2015년 다른 파견업체에서 148명의 파견노동자를 받아 파견법을 위반한 사실을 추가로 밝혀내 그를 재차 재판에 넘겼다. 인천지방법원 부천지원 판사는 4월 조씨에게 징역 6월, 집행유예 2년을 선고했다. 판결문에는 조씨에게 유리한 양형 사유만 담겼다. 앞선 재판의 판결문과 판박이다.

'피고인이 범행을 인정하고 반성하는 것으로 보인다. 피고위이 집행유예를 넘는 처벌을 받은 전력이 없다.'

호남씨 누나에게 판결문 내용을 전했다. 그녀는 분통을 터트렸다.

"감옥살이도 안 하고 집행유예로 풀려나면 벌을 받는 게 아니잖아요. 이런 사람이 벌을 안 받으면, 누가 벌을 받나요? 그런 나쁜 사람이 벌을 받지 못하는 게 너무 억울해요. 힘없는 사람만 피해를 보는 거잖아요. 그 사람은 우리에게 사과 한 번 안 했는데, 어떻게 반성한다고 할 수 있어요?"

나는 대답할 말을 찾지 못했다.

···

호남씨 누나와 만나고 며칠이 지났을 때, 그녀는 호남씨 사진을 보내왔다. 하나는 스스로를 찍은 셀카였다. 거기엔 너무나도 앳된 청년의 얼굴이 있었다.

"친구들한테 동생 자랑을 많이 했었어요. 아이돌 같다고…."

또 다른 사진도 보내왔다. 사진 속의 2년 전 동생은 사촌의 결혼식장에서 엄지를 내밀고 있다. 동생은 당시 6년을 사귄 여자친구와 이듬해인 2016년에 결혼하기로 약속했었다. 호남씨가 2016년을 이틀 앞두고 쓰러지지만 않았어도, 지금쯤 여자친구와 결혼해 행복한 신혼살림을 꾸려가고 있었을 것이다.

"항상 자기가 최고라며 사진 찍을 때 '엄지 척'을 하곤 했었어요. 그런 사진들을 보면, 가슴이 찌릿찌릿하고 눈물이 나요."

호남씨 누나는 호남씨와 안과 병원에 다녀온 일도 내게 알렸다. 이미 안과 여러 곳을 다녔고, 의사가 하는 말은 항상 비슷했다.

"현대 의학으로는 치료할 수 없습니다."

그래도 희망을 놓지 않으려고 하지만, 마음이 조금씩 흔들리는 건 어쩔 수 없다. 손해배상을 안 받을 테니, 가해자가 감옥에 갔으면 하는 바람은 이뤄질 수 없다. 손해배상 청구소송에서 이겨도, 받을 돈이 없다. 조씨 명의의 재산이 거의 없기 때문이다. 차라리 합의금이라도 받아야 할까. 그녀의 머릿속은 어지러웠다.

얼마 뒤 호남씨 누나는 내게 전화를 해왔다. 손해배상 청구소송 재판이 있던 날이었다.

"오늘 재판 끝나고 변호사님이 제게 연락을 했어요. 합의하는 게 어떻겠느냐고요. 5000만 원을 먼저 받고, 몇 달 뒤에 3000만 원을 더 받는 것으로 하자네요."

조씨가 합의금을 기존 5000만 원에서 8000만 원으로 올려 제안한 것이다. 변호사와 노무사는 합의를 재촉했다.

"변호사님이 재판에서 이긴다고 해도 이 사람한테서 돈을 받을 수 없다고 하더라고요. 이미 빼돌려서, 합의하겠다고 돈 줄 때 받아야지, 나중에는 못 받을 수도 있다고 했어요. 노무사님도, 호남이 앞으로의 인생을 생각하면 그 사람을 감옥에 보내는 것보다 한 푼이라도 보탬이 되는 게 낫지 않느냐고 하더라고요. 생각해보니까 맞는 말 같아요."

박혜영 활동가가 유엔인권이사회가 열리는 스위스 제네바에 가 있는 터라, 내게 이런 고민을 털어놓은 거였다. 나는 그녀에게 할 수 있는 말이 없었다. 국가가 정의를 세우지 못할 때, 개인은 무얼 할 수 있을까. 어떤 선택이 옳은지 판단하기 힘들었다.

시간이 지난 어느 날 박활동가로부터 연락을 받았다.

“호남씨 누나한테 연락이 왔는데, 합의하기로 했대요.”

• • •

호남씨 누나에게 7월 16일 토크 콘서트에 꼭 와달라고 했다. 스토리펀딩 기획으로 많은 이들이 응원을 보내고 있다고도 했다. 그녀는 고마움을 나타냈다. 토크 콘서트 날, 정말 호남씨와 호남씨 아버지가 왔다. 내 소개를 하며 인사를 했다. 호남씨는 특별한 반응을 보이지 않았다. 초점을 잃은 눈, 미소를 지은 것 같지만 무표정한 얼굴…. 그에게 쉽게 말을 걸지 못했다. 기사를 잘 봤냐고 물어보지도 못했다.

박활동가는 호남씨와 반갑게 인사하며, 스위스에서 사온 초콜릿을 호남씨에게 선물했다. 호남씨는 초콜릿을 먹었다. 그때 그곳 강당을 휘젓고 다니던 현순씨의 딸이 호남씨에게 물었다.

“삼촌, 초콜릿 어때요?”

“응, 맛있어.”

“웃으니까 좋아요.”

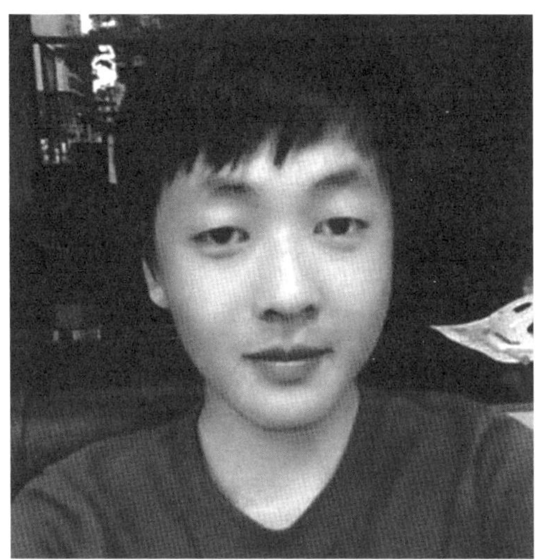

—— 다치기 전의 양호남 씨.

—— 7월 16일 다음 스토리펀딩 토크 콘서트에 호남씨가 나타났다. 그는 미소를 지은 것 같지만, 무표정한 얼굴을 했다. 사진 정현덕

양호남 씨가 다니던 당시의 덕용ENG 공장 내부 모습. 파견노동자들은 어떠한 보호 장비도 갖추지 못한 채 드럼통에 든 유해물질 메탄올을 생수통에 나눠 담았다.

16

김영신

유엔을 움직인 브레이브 맨

2017년 6월 5일 오전 김포공항 국제선 출국장. 스물아홉 살 먹고 처음으로 비행기를 탄다는 김영신 씨의 얼굴엔 긴장한 표정이 역력했다. 나는 이를 놓치지 않고 질문을 던졌다. 기자의 본능이다.

"어떠세요?"

"아직도 실감이 안 나요. 막상 공항에 오니까 부담이 돼요. 제가 감히 대표로 가는 거니까. 스위스 가는 건 좋은데, 몇 백 명 앞에서 말을 해야 하니 부담이 커요."

"어머니랑 어떤 얘기를 하셨어요?"

"공항에 어머니랑 같이 왔어요. 같이 가는 분들한테 저를 잘 부탁한다고 하셨어요. 친구들은 저보고 국제 미아 되지 말라고….
하하."

"유엔인권이사회에 참석한 다음에 가고 싶은 데는 없어요?"

분위기를 풀기 위해 가벼운 질문을 던졌더니, 그는 바로 대답했다.

"축구 유니폼 가게 가려고요."

영신씨는 해외 축구를 좋아한다. 2급 시각장애인인 그는 공이 안 보여도 해외 축구 중계를 빼놓지 않고 본다. 유럽에 가는 그는 유명 축구선수의 유니폼을 살 생각에 들떠 있었다. 동행하는 박혜영 활동가도 "친구들이 기대가 크대요"라고 거들었다.

곧 비행기에 오른 영신씨가 집중한 건 축구선수 유니폼이 아니었다. 영어 원고의 발음을 큼지막한 한글로 적은 종이였다. 그는 그 종이를 손에서 놓지 않았다. 비행기에서도 그랬고, 제네바에 도착해서도 그랬다. 영신씨가 제네바에 가는 건 유엔 제네바 본부에서 열리는 유엔인권이사회에서 발언하기 위해서다. 영신씨는 그곳에서 어떻게 시력을 잃었고 왜 그 책임을 삼성전자, LG전자, 대한민국 정부에 물어야 하는지 발언하기로 했다. 영어를 잘 못하는 영신씨는 친구에게 영어 원고의 발음을 큼지막한 한글로 적어달라고 했다. 이후 나는 박혜영 활동가를 통해 그의 일거수일투족을 들었다.

비행기는 베이징을 거쳐 5일 오후 제네바에 도착했다. 영신씨 일행은 제네바에서 버스로 한 시간 거리인 프랑스의 작은 국경 마을로 갔다. 제네바의 호텔은 동이 난 지 오래였다. 에어비앤비로 구한 주택에 짐을 풀었다. 가격이 싸긴 했지만, 제네바로 가는 버스가 한 시간에 한 대밖에 없는 작은 마을이다. 주택에는 넓은 정원이 딸려 있고, 주택 주변은 푸른 잔디밭이었다. 영신씨는 어렴풋하게 그 풍경을 눈에 담았다. 영신씨는 그날 잠들기 전에 쓴 일기를 내게 보내줬다.

'씻고 누운 지금도 스위스라는 게 믿기지 않지만, 여기 온 목적을 잊지 않고 최선을 다해 모든 분의 소리를 전달하겠다.'

영신씨 일행은 이튿날 일찍 국경을 넘었다. 영신씨는 자신이 시각장애인이라는 것을 티 내기 싫어한다. 오른쪽 눈은 완전히 실명됐고, 왼쪽 눈으로만 세상을 볼 수 있다. 왼쪽 눈도 가운데는 보이지 않고 가장자리로만 물체를 판별할 수 있다. 영신씨는 겉보기엔 잘 보이는 사람처럼 행동한다.

박혜영 활동가는 그 점이 마음에 걸렸다. 박활동가는 영신씨한테 "저건 어떻게 보여요?"라는 질문을 수없이 던졌다. 처음 해외에 나온 영신씨가 더 많이 보고 경험하고 누리기를 바랐다. 박활동가는 유엔 제네바 본부에 들어가서도 영신씨를 붙잡고 호수와 언덕을 설명해줬다. 영신씨는 연신 두리번거렸다.

영신씨는 제네바에서도 원고를 읽고 또 읽었다. 거의 외울 지경이 됐다. 영어가 익숙하지 않은 탓인지, 처음엔 다 읽는 데 6분이 걸렸다. 영신씨는 시간을 줄이기 위해 제대로 호흡을 하지 않고 빠르게 읽어 내려갔다.

"아엠 투엔티 나인 이얼스 올 사우뜨 코리안 투 이얼스 어고 아이 비케임 블라인드…."

"아, 잠깐, 안 되겠다."

동행한 강은지 국제민주연대 팀장이 제지했다.

"'I am 29 years old, South Korean' 한 다음에 좀 더 쉬어요. 첫 메시지가 중요하잖아요. 내가 누군지 알려야 하잖아요."

피나는 연습이 이어졌다. 결국 1분 22초까지 줄였다. 또박또박 속도감 있게 말할 수 있게 됐다. 그의 표정엔 뿌듯함이 스쳤다. 나는 이 모습을 박활동가가 보내준 영상으로 봤다. 나는 그를 응원하고 또 응원했다.

6월 8일 발표 날이 밝았다. 갑자기 발표가 취소되고 다시 일정이 정해지는 우여곡절을 겪었다. 영신씨는 발언을 기다리면서 초조했다. 허벅지가 부들부들 떨렸다.

이날 '유엔 기업과 인권 실무그룹'은 1년 전 한국을 방문해서 조사한 내용을 토대로 보고서를 발표했다. '접수된 문제 제기(Allegations received)' 장에는 메탄올 중독 실명 사건이 가습기 살균제 사망 사건, 삼성전자 직업병 사망 사건, 유성기업 노조 탄압, 조선업 하청노동자 산업재해 등과 함께 적시됐다. 실무그룹은 보고서에서 원청 기업의 책임을 분명히 했다.

'실무그룹은 적절한 훈련도 받지 않고 위험한 임무에 배치된 비정규직 노동자들에 대한 몇몇 사례를 전달받았다. 원청은 자사의 공급망 전체에 걸쳐 노동자들이 당면한 인권 침해 위험에 대해 좀

더 큰 책임을 져야 한다.'

이날 우리나라 정부는 답변서를 제출했고, 구두 발언도 신청했다. 정부 관계자는 하청 비정규직 노동자들이 노동3권[7]을 보장받고 있다고 밝혔다. 특히 메탄올 중독 실명 사건을 비롯해 보고서에 들어가 있는 대부분의 사건은 언급하지 않았다. 박활동가와 영신씨를 비롯한 시민단체 참가자들은 실망감을 감추지 못했다.

이런 상황에서 이날 오후 발언 리스트에 있던 영신씨 순서가 또 빠졌다. 알고 보니 여러 나라 정부 대표의 발표가 이어지면서, 영신씨를 비롯한 시민단체 쪽의 발표가 이튿날로 미뤄진 것이었다.

· · ·

6월 9일 오전 11시 영신씨가 유엔 제네바 본부 팔레데나시옹 대회의장에 들어섰다. 서울은 오후 6시였다. 인터넷으로 생중계되는 화면에서 그의 긴장된 표정을 읽을 수 있었다. 곧 영신씨가 영어 발음을 한글로 옮긴 원고를 읽어 내려갔다.

"미스터 체얼 펄슨, 아엠 투엔티 나인 이얼스 올 사우뜨 코리안. 투 이얼스 어고, 아이 비케임 블라인드 비코우즈 올 메뜨놀 포이즈닝."

유창하지 않은 영어 발음이었지만, 참석자들이 영신씨 쪽으로

---

7 대한민국 헌법 제33조 1항은 '근로자는 근로조건의 향상을 위하여 자주적인 단결권 · 단체교섭권 및 단체행동권을 가진다'고 규정하고 있다. 쉽게 말해, 노조 할 권리를 뜻한다.

고개를 돌렸다. 다들 웅성거렸고, 영신씨 온몸에는 소름이 돋았다.

"의장님. 저는 29살 한국인입니다. 2년 전, 저는 메탄올 중독으로 실명했습니다.

여러분 중 많은 분이 삼성이나 LG 휴대폰을 갖고 계시겠죠. 저는 여러분의 휴대폰을 만들다가 시력을 잃고 뇌 손상을 입었습니다. 삼성전자의 3차 하청업체에서 저는 하루 12시간 밤낮 없이, 2주 동안 하루도 못 쉬고 일했습니다. 지금 여러분 손에 있는 것에 제 삶이 담겨 있습니다.

저 혼자만이 아닙니다. 저와 같은 이야기를 가진 젊은 한국 노동자들이 최소 5명은 더 있습니다. 아무런 응답도, 아무런 사죄도, 아무런 보상도 없었습니다. 정부에서도, 기업에서도 정의는 없었습니다. 우리는 일회용 종이컵처럼 사용되고 버려졌습니다. 아무도 우리에게 한국에서 제조업 파견은 불법이라고 말해주지 않았습니다. 아무도 우리에게 메탄올이 위험하다고 말해주지 않았습니다.

제가 일한 회사의 사장은 제게 배상할 돈이 없다고 말했습니다. 자기도 메탄올이 해롭다는 걸 몰랐다고 했습니다.

삼성과 LG는 자기 책임이 아니라고 합니다. 저는 삼성과 LG 휴대폰을 만들다가 실명했습니다. 저는 평생 보지 못하고 살아야 합니다. 그런데 그들은 신경 쓰지 않습니다.

피해자들은 모두 젊습니다. 우리가 원했던 것은 단순합니다. 다른 사람들처럼 행복한 삶을 사는 것이었습니다. 삼성과 LG에 책임을 요구합니다. 한국 정부 역시 책임을 져야 합니다. 인간의 삶, 우리의 삶은 기업의 이윤보다 중요하기 때문입니다."

영신씨가 발언을 끝내는 데 걸린 시간은 1분 45초. 그가 지난 2015년 2월 시력을 잃은 이후 지금껏 어떤 일을 겪었는지 말하기에는 너무나 짧은 시간이었다. 하지만 유엔인권이사회 참석자들의 관심을 받기엔 충분한 시간이었다. 영신씨는 무슨 말을 했는지 기억도 못 했다. 머릿속이 하얗게 변한 뒤였다. 박활동가를 비롯한 동행한 활동가들 모두 눈물을 참지 못했다. 활동가들은 거친 숨을 몰아쉬는 영신씨의 손을 꼭 붙잡고 끌어안았다.

곧 '유엔 기업과 인권 실무그룹' 마이클 아도 의장이 영신씨에게 위로의 말을 건넸다.

"삼성전자 메탄올 피해자의 이야기를 들었습니다. 아시다시피 실무그룹은 한국을 방문했었습니다. 당시 우리는 정부와 기업을 모두 만났는데 정부와 삼성 모두 공급망 관리에 단호한 조치를 취하겠다고 약속했습니다. 그 약속이 지켜지는지 계속 지켜볼 것입니다. 메탄올 피해자 문제가 해결되는 계기가 되었으면 좋겠습니다."

서울에 있던 나는 박혜영 활동가로부터 텔레그램을 통해 소식을 실시간으로 전달받고 있었다. 박활동가에게 대리 인터뷰를 요청했다.

"발언을 끝낸 소감은 어때요?"

"엄청 긴장을 많이 했고요. 어떻게 했는지 기억이 안 나고요. 모든 분에게 정말 감사드립니다. 같이 온 박혜영 활동가님, 강은지 팀장님, 김동현 변호사님이 없었으면, 저는 못 했을 거예요. 정말 뿌듯하고요. 제가 뭘 해냈다는 기분이 처음이라, 지금 떨리네요."

"영신씨의 이야기를 들은 사람들이 앞으로 어떻게 했으면 좋겠어요?"

"지금까지 모르고 있던 분들이 많다고 생각하고요. 이번 계기로 관심을 가지거나, 알고 있던 분들도 더욱더 힘을 내주고, 다른 피해자들에게도 용기를 낼 계기가 됐으면 좋겠어요."

"대한민국 정부는 어떻게 했으면 좋겠어요?"

"정부는 국민의 소리를 들어야 하잖아요. 이런 세계적인 자리에서 국민이 목소리를 내면, 반드시 들어야 한다고 생각합니다. 듣고 나서 '아, 잘 들었다' '너희 수고했다'가 아니라 앞으로 많은 일이 좋게 변했으면 좋겠어요. 시청하고 응원해준 분들, 정말 감사합니다."

"영신씨도 고생 많았어요."

"인사 한번 드리겠습니다. 감사합니다."

이날 오후 활동가들은 '공급망에서의 기업 책임 강화하기'라는 주제의 국제 토론회를 열었다. 마이클 아도 의장이 주 발제자로 참가했고, 영신씨는 다른 피해자들의 이야기를 전했다. 아도 의장은 영신씨에게 "자신과 같은 피해자를 위해 나선 것에 감명을 받았습니다"라고 말했다.

토론회가 끝난 후 많은 사람이 'I want my cell phone free from human rights abuses!'(인권 침해가 없는 휴대전화를 원합니다) 'I stand by the victims!'(피해자들 곁을 지키겠습니다)라는 문구가 적힌 종이를 들고 인증샷을 찍었다. 여러 사람이 영신씨를 "브레이브 맨"이라고 부르며, 존경을 담은 인사를 건넸다. 영신씨의 발언 이후, 활동가들이 준비해간 메탄올 중독 실명 사건 영문 자료 300권이 모두 동이 났다.

영신씨는 무언가를 해냈다는 마음에 가슴이 터질 듯한 희열을 느꼈다. 한국에서도 스포트라이트를 받았다. 그가 유엔인권이사회에서 발언한 사연은 JTBC 메인 뉴스 프로그램 '뉴스룸'을 비롯해 여러 언론에 소개됐다. 한국에 돌아온 영신씨는 라디오 시사프로그램인 '김현정의 뉴스쇼'에도 출연했다. 그는 떨지 않고 말을 잘했다. 영신씨의 참모습을 보게 된 것 같아 기분이 좋았다.

• • •

영신씨는 유엔인권이사회에서 발언하기까지, 두려움의 시간을 보냈다. 자신처럼 영문도 모른 채 시력을 잃고 고통의 시간을 보내고 있을 또 다른 피해자를 위해 용기를 냈다. 그 역시 박활동가를 만나기 전까지 1년 9개월 동안 절망의 나락에서 몸부림친 기억이 생생하기 때문이다.

영신씨는 비극의 주인공이 되기엔, 너무나도 평범한 삶을 살았다. 대학을 다니다 군대에 다녀왔고, 제대 후 대형마트 보안업체에서 일하거나 서빙 아르바이트를 했다. 집 주변에 공단이 있어, 친구와 함께 공장에서 일을 구하는 건 자연스러운 일이었다.

2015년 1월 16일에도 그랬다. 그날 오전 친구와 함께 구직 사이트에 이력서를 올렸다. 점심때 파견업체에서 연락이 왔다. 일주일에 6일, 오후 9시부터 오전 9시까지 12시간 밤샘 근무하는 자리가 있다고 했다. 월급은 230만 원이었다. 그날 오후 8시에 출근해달라는 말에, 영신씨는 바로 출근했다.

그가 일할 회사는 덕용ENG였다. 작은 건물 한 개 층에 소형 공작기계 60여 대를 가져다 놓고, 삼성전자 스마트폰 부품을 만들었다. 관리자에게 간단한 공작기계 작동 방법을 배운 후, 바로 일했다. 이곳에서 메탄올이 사용된다는 얘기는 전혀 듣지 못했다.

공작기계에는 문이 달려 있지 않았다. 공작기계의 절삭 작업 중에 나오는 메탄올과 알루미늄 분진이 작업자에게 고스란히 전해졌다. 영신씨는 감기를 앓을 때 쓰는 얇은 마스크와 목장갑 하나로 버텼다. 보안경, 보호장갑, 방진마스크 같은 보호 장비는 없었다.

"목장갑은 다 재활용해서 썼어요. 주간조가 쓰던 것을 한곳에 모아 놔요. 그러면 그중에서 그나마 덜 해진 걸 손에 끼고 일해요. 구멍이 나지 않은 목장갑을 찾기가 어려웠어요."

파견노동자 청년들이 돌아가면서 직접 공작기계에 메탄올을 넣었다. 알코올 냄새가 많이 났다. 그 누구도 그 액체가 인체의 중추신경계와 시신경을 망가뜨리는 메탄올이라고 말해주지 않았다.

"드럼통에서 정수기통으로 메탄올을 옮겨요. 60여 대의 공작기계에 일일이 넣었어요. 그럴 때는 메탄올이 손과 바지에 많이 묻었어요. 환풍기도 없었고, 추우니까 창문을 열지도 않았어요. 저희는 공작기계 앞에서 밥을 먹었어요. 지금 생각하면, 미친 짓이죠."

일한 지 일주일이 조금 넘었을 때, 감기 기운이 있는지 피곤함이 몰려왔고 눈이 뻑뻑했다. 밤샘 근무를 하는데 몸이 으슬으슬 떨리고 식은땀이 났다. 형광등의 밝은 빛을 이용해 제품 검사하는 업무를 이틀가량 했다. 며칠 뒤인 2월 1일 오후 9시에 출근했는데 일을 하다 보니 눈이 아프고 형광등이 뿌옇게 보이거나 잘 안 보였다. 감기 기운도 있는 것 같았다. 관리자에게 말하고 조퇴한 뒤 집에서 쉬었다. 이튿날 점심쯤 일어났더니, 스마트폰 화면의 글씨가 보이지 않았다. 숨을 제대로 쉴 수 없었다. 영신씨의 어머니는 아들을 데리고 인근 병원 응급실로 갔다. 영신씨가 덕용ENG에서 일한 지 불과 2주 만의 일이었다.

어머니는 그때 일을 생각하면, 가슴이 철렁하다.

"애가 숨을 못 쉬고 죽을 것 같은 거예요. 인근 병원 응급실에 갔더니, 의사 선생님이 와서 산소호흡기를 끼워주고, 눈이 안 보이고 호흡도 안 된다고…."

하루가 지나자 호흡은 정상을 되찾았다. 하지만 앞은 아예 보이지 않았다. 영신씨는 의사에게 쓰러지기 전 며칠 동안 형광등을 가까이 두고 일했다고 말했다. 이런 얘기를 들은 의사는 일시적으로 시력을 잃을 수 있다고 했다. 며칠 지켜보자고 했다.

시력이 돌아오지 않자, 그는 가톨릭대 부천성모병원에 갔다. 안과 의사는 간질 때문에 눈이 안 보일 수 있다고 했다. 며칠 뒤에 신경과 검사를 받다가, 시신경이 많이 다쳤다는 사실이 확인됐다. 스테로이드 약을 처방받았다.

"입원 며칠 만에 바로 퇴원했어요. 의사 선생님이 환자 가운데 85퍼센트는 치료될 수 있다고 하더라고요. 약을 계속 먹었지만, 시력은 좋아지지 않았어요. 다른 병원에서 혈장교환술을 받았어요. 시력은 조금 좋아지는 것 같았는데…."

결국 영신씨의 오른쪽 눈은 완전히 시력을 잃었다. 암흑이다. 왼쪽 눈은 가장자리로만 뿌옇게 세상을 볼 수 있다. 가운데는 지지직거릴 때의 TV 화면처럼 보인다. 시력은 더 이상 좋아지지 않았다. 시각장애 2급 판정을 받았다.

영신씨는 회사에서 쫓겨났다. 덕용ENG는 노동자가 일하다 시력을 잃었는데 관심조차 갖지 않았다. 만약에 영신씨가 시력을 잃은 이후 덕용ENG가 바로 후속 조치를 했다면, 호남씨가 눈이 머는 일은 없었을지도 모른다. 호남씨가 시력을 잃고 한 달이 지났을 때, 안전보건공단은 덕용ENG의 작업환경을 측정했다. 메탄올은 공장 내 여러 장소에서 228.5~417.7피피엠이 검출됐다. 모두 기준치 200피피엠을 크게 웃돌았다. 덕용ENG에서 일한 파견노동자 가운데 또 다른 피해자가 있을지는 아무도 모른다.

나는 영신씨에게 회사에 왜 산재보험 처리를 요청하지 않았는지, 보상을 요구하지 않았는지 물었다.

"그때는 의사도 제가 왜 시력을 잃었는지 몰랐어요. 그러니 소송을 해도 이길 수 없다는 생각이 들었어요. 무엇보다 개인이 회사와 싸우면 이길 수 있을까 이런 생각을 했어요. 변호사 선임 비용도 많이 들잖아요."

영신씨는 전정훈 씨와 함께 2016년 11월 파견사업주와 사용사업주, 대한민국을 상대로 손해배상 청구소송을 냈다. 피고들은 모두 손해배상 책임을 인정하지 않고 있다.

2018년 2월이면 그가 시력을 잃은 지 만 3년이 된다. 아직 현실을 받아들이지는 못하는 것일까. 꿈에서는 앞이 보인다.

"꿈에서도 앞이 안 보일 때가 있어요. 어느 순간 잘 보여요. 꿈인데도 제가 그걸 인지해요. 눈을 깜빡거리지 말아야지 하는 생각을 해요. 다시 깜빡거리면 안 보일 수 있으니까. 꿈속에서 꿈꾼 적도 있어요. 꿈꾸려고 잠을 많이 자죠. 앞이 보이니까."

현실에서 그는 비장애인처럼 행동한다. 티를 내면 창피하단다. 어머니와 친구들이 종종 그가 앞이 보이지 않는다는 사실을 깜빡할 정도다. 부단한 노력을 한 결과다.

"땅을 보고 걸으면, 지나가는 사람들이 이상하게 생각하잖아요.

길을 걸을 땐 두리번거리면서 곁눈으로 봐요. 편의점에서 뭐 살 때도 노하우가 생겼어요. 카드만 주면, 돌려받기가 어려워요. 대신 지갑과 카드를 같이 내밀면, 카드를 긁고 지갑 위에 올려주니, 티가 안 나죠."

나는 그에게 "너무 과도하게 티를 안 내려고 하는 것 같아요"라고 말했다.

"티 내면 창피하잖아요. 사람들이 안 좋게 보잖아요. 저도 옛날엔 몸 불편한 사람이 보이면 일부러 피했어요. 그런데 제가 이렇게 되니까, 후회스럽죠."

영신씨는 가해자를 용서하기 힘들다. 덕용ENG를 운영한 조씨는 호남씨와 영신씨의 시력을 앗아갔다. 조씨는 호남씨와는 합의했지만, 아직 영신씨와는 합의하지 않았다. 영신씨는 조씨로부터 한 통의 전화도 받은 적이 없다. 조씨는 박혜영 활동가에게 전화를 몇 번 했지만, 사과나 구체적인 손해배상 얘기는 없었다.

조씨와 호남씨가 합의한 후, 조씨에 대한 2심 판결이 나왔다. 앞서 밝혔듯이, 인천지방법원 부천지원은 2017년 2월 호남씨와 영신씨의 시력을 앗아간 조씨에게 산업안전보건법과 파견법을 위반한 죄로 징역 2년, 집행유예 3년을 선고했다. 검찰은 1심 선고형량이 너무 가볍다면서 항소했다. 인천지방법원 재판부는 같은 해 10월 2심 판결에서 조씨가 호남씨와 합의했고 반성하고 있다는 점 등을 이유로 들며 검찰의 항소를 기각했다.

영신씨에게 전화를 걸자, 그는 냉소적인 목소리로 말했다.

"어느 정도 예상했어요. 우리나라 사법기관을 잘 믿지 않거든요."

앞서 불법으로 영신씨를 덕용ENG에 보낸 파견업체 플랜에이치알 이 모 대표는 정식재판이 아닌 약식명령으로 400만 원의 벌금형을 받았다. 그걸로 이씨는 영신씨 실명에 대한 형사책임에서 벗어났다.

· · ·

영신씨가 박혜영 활동가를 만난 건 행운이었다. 그는 박활동가를 통해 진실을 알게 됐고, 다시 세상으로 나오는 계기가 됐다.

그 뒤 영신씨는 브레이브 맨이 됐다. 보름 뒤 전정훈 씨와 함께 국회 정론관 기자회견장에 섰다. 그리고 유엔인권이사회에 다녀오면서 그는 삶을 살아가는 용기를 얻었다. 영신씨는 2017년 7월 16일 토크 콘서트 때 피해자 가운데 유일하게 참석하지 못했다. 그때 친구들과 해외여행을 간다고 했다. 나는 그의 불참이 못내 아쉬웠지만, 한편으로는 반가웠다. 어느새 일상으로 한 발 더 들어간 그의 인생에 응원을 보냈다.

· · ·

용기를 내서 파견노동과 산업재해를 고발하는 영신씨를 보면서, 한 인물이 생각났다. 위장 취업을 한 뒤, 파견노동을 취재하면서 그를 만났다. 이름은 밝힐 수 없다. 내가 쓴 기사에서는 홍승구라는 가명을 사용했다.

그의 이야기는 웹툰 〈송곳〉과 동명의 텔레비전 드라마의 주인공 이수인과 많이 닮았다. 대형마트 관리자 이수인이 노동조합을 꾸려 비정규직 노동자들과 함께 싸웠다면, 비정규직 파견노동자였던 홍승구 씨는 회사와 싸워 스스로는 쫓겨나면서도 동료들이 정규직으로 채용되는 결과를 이끌어냈다. 그의 이야기는 2013년 〈부라보 마이 라이프〉라는 연극으로 만들어졌다. 극중 주인공의 이름이 홍승구였다.

이수인의 이야기는 끝났지만, 홍승구 씨의 이야기는 현재진행형이다. 2016년 6월 12일 경기도 안산에서 그를 만났다. 그는 이날 반월·시화공단 노동자들의 모임인 '일하는 사람들의 생활공제회—좋은 이웃'의 총회 행사인 노동자 한마당을 준비하느라 바빴다. 함께 활동하는 노동자들은 그가 회사와 싸울 때 큰 힘이 됐던 사람들이다.

홍승구 씨는 한때 잘나가는 영업맨이었다. 삼성 에스원에 다니면서, 전국 10등의 영업 실적을 달성하기도 했다. 하지만 1997년 외환 위기와 순탄치 않은 결혼 생활은 그를 나락으로 빠뜨렸다. 이후 공장일과 막노동으로 생계를 꾸렸다.

그가 파견노동자가 된 건, 2012년의 일이다. 반월·시화공단에 있는 한 전자회사에 들어갔다. 주야 맞교대로 열심히 일했다. 쉬는 날이 없었다. 일한 지 20일이 지났을 때 파견업체에서 전화가 왔다.

"내일부터 나오지 마세요."

그해 10월 한 제약회사에 들어갔다. 제품이 담긴 박스를 옮기는 일을 했다. 공장은 깨끗했고 일은 크게 힘들지 않았다. 최저임금을 받았다. 한 달에 손에 쥐는 돈은 130만 원 남짓이었다. 승구씨는 그저 묵묵히 일했다. 같은 일을 하는 정규직 노동자들은 상여금까지 더해 더 많은 돈을 받았다.

그해 12월 19일 대통령선거일. 회사는 직원들에게 2시간 늦게 출근하라고 통보했다. 이를 보면서 승구씨에게 작은 의문이 생겼다.

'늦게 출근하면 그만큼 돈을 벌지 못하는 걸까?'

빠듯한 월급으로 겨우 생계를 꾸리는 형편 탓에, 투표 시간 보장보다 그 시간에 일해서 버는 돈이 더 중요했다. 친분 있는 한 정규직 노동자에게 물었더니, "노동법을 잘 아는 분을 소개해줄게요" 하는 답이 돌아왔다.

승구씨는 그에게 전화를 걸었다. 박재철 안산시비정규직노동자지원센터장이었다. 〈송곳〉으로 치자면, 이수인과 구고신의 첫 만남인 셈이다. 박센터장은 승구씨의 질문에 답한 뒤 이렇게 말했다.

"제조업 공장 파견은 불법이에요. 조금만 용기를 내면 정규직이 될 수 있어요. 비용이 드는 것도 아니니, 끝까지 가봅시다."

승구씨는 박센터장의 말을 믿지 못했다. 다만 정규직 노동자처럼 기본급에 상여금까지 받을 수 있다는 생각을 하니, 마음이 혹했다. 그는 같은 공장에서 일하는 동료 파견노동자를 만나기 시작했다. 이들에게 정규직이 될 방법이 있으니 함께하자고 제안했다. 2013년 설 연휴를 앞두고 한 파견노동자가 승구씨에게 말했다.

"이번에 그만둔다면서?"

회사는 승구씨가 무슨 일을 하고 다니는지 알고 있었다. 그의 퇴사 소문을 흘렸다. 하지만 그는 당당히 출근했다. 설 연휴가 끝난 뒤, 파견업체는 그에게 사직서를 내밀었다. 실업수당을 받을 수 있도록 챙겨주겠다고 했다. 승구씨는 거부했다. 회사는 그를 출근하기 어려운 다른 지역으로 발령 냈다.

승구씨는 비정규직노동자지원센터 도움으로 중부지방고용노동청 안산지청에 불법 파견 진정을 냈다. 그러자 이 회사의 황 모 총무부장이 승구씨에게 만나자고 연락을 해왔다.

"200만 원 줄 테니까, 그만하자."

승구씨가 거절하자, 황부장이 부르는 돈의 액수가 커졌다. 1000만 원까지 불렀다. 월세와 가스요금이 많이 밀린 상황이었다. 마음이 흔들렸다. 고민이 깊어졌다. 그는 결국 늦은 밤 황부장에게 연락했다.

"2000만 원 가져오면, 사인할게요."

이튿날 황부장은 한 카페에서 5만 원짜리 현금 다발로 2000만 원을 승구씨 앞에 내보였다. 곧 "사인하고 끝냅시다"라면서 서류한 장을 내밀었다. 승구씨의 심장이 벌렁벌렁 뛰었다.

그 순간 끝까지 함께하자던 비정규직노동자지원센터 사람들과 항상 "형님, 괜찮으세요?"라고 걱정해준 동료 파견노동자의 얼굴이 스쳤다. 사인하고 돈을 챙긴 뒤 전화번호 바꾸면 그만인데, 그럴 용기가 없었다.

그는 황부장에게 "조금만 기다려주세요"라고 말한 뒤 박센터장에게 찾아갔다. 고깃집에서 함께 소주를 들이켰다. 승구씨는 선택의 갈림길에 섰음을 토로했다. 박센터장은 "어떤 선택을 하든지, 끝까지 만날 거야. 사랑해"라고 말했다. 승구씨는 눈물을 펑펑 쏟았다. 황부장에게 전화를 걸었다.

"양심상 도저히 돈을 못 받겠어요. 미안합니다. 돌아가주세요."

승구씨는 며칠 뒤 회사 앞에서 1인 시위에 나섰다. 돈 때문에 저렇게 한다는 소문이 돌았지만, 개의치 않았다. 2주가량 1인 시위가 이어지자, 회사는 두 손 두 발을 다 들었다. 회사는 30여 명의 파견노동자를 모두 정규직으로 채용하겠다고 제안했다. 다만 승구씨의 퇴사를 전제 조건으로 내걸었다. 그는 받아들였다. 2013년 4월의 일이다. 내게 이런 이야기를 전하던 승구씨의 눈시울은 어느새 붉어져 있었다.

"그전에 인생의 단맛과 쓴맛을 다 경험했다고 생각했는데, 저 스스로를 노동자로 자각한 것은 이때가 처음이었어요. 내 옆에 마음이 따뜻한 사람들이 많아서 끝까지 갈 수 있었다고 생각합니다."

승구씨의 싸움은 다른 파견노동자와 활동가에게 큰 자극이 됐다. 이후 많은 이들이 불법 파견 실태 조사에 나섰다. 이때부터 반월 · 시화공단에서 파견노동자가 겪는 열악한 노동 현실이 세상에 알려지기 시작했다.

나는 인터뷰를 마친 후 승구씨에게 사진 촬영을 하고 싶다고 했다. 그는 손사래를 치며 말했다.

"노동운동을 해봐야겠다는 꿈을 품었어요. 여러 공장에서 일하면서 그곳 파견노동자에게 열악한 노동 현실을 알리는 일을 하고 있습니다. 한때 여러 파견업체에는 '홍승구 절대 채용 금지'라는 문구가 적힌 적도 있었어요. 올여름 지금 다니는 공장의 노동환경을 고발하는 작업을 준비하고 있어요. 이해해주세요."

그 뒤 그에게 연락하지 않았다. 그는 파견노동자의 삶이 조금은 나아질 수 있도록 어디선가 노력하고 있을 것이다. 때가 되면, 그와 술잔을 기울이며 파견노동자의 처우가 개선됐다거나 정규직이 됐다거나 하는 얘기를 마음껏 들었으면 좋겠다.

물론 아직 위험의 외주화는 진행되고 있고, 지금 이 시각에도 어떤 노동자는 생사의 갈림길에 서 있다. 하지만 승구씨나 메탄올 중독 실명 사건의 피해자들처럼 또 다른 피해자가 나타나는 것을 막기 위해 싸우는 사람들 덕분에 우리 사회는 아직 희망이 있는지도 모른다.

—— 김영신 씨는 비극의 주인공이 되기에는 너무 평범한 삶을 살았다.

2017년 6월 5일 김영신 씨가 유엔인권이사회에 참여하기 위해 출국하기 전 소개할 내용이 담긴 선전막을 들고 있다.

미스터 체얼펄슨.

아엠 투엔티나인 이얼스올 사우뜨코리안 투이얼스어고, 아이 비케임 블라인드 비코우즈 옵 메뜨놀포이즈닝.

아이 띵크 매니옵유 해브 삼성오얼엘지셀폰스.

아이 로스트 마이아이사이드 앤 갓브레인 데미지 인 메이킹유얼셀폰.

인어 떨드티어서플라이어 포삼성일렉트로닉, 아이 해드 웍 투헬브 아월즈어데이, 데이앤나이트, 위드아웃 원데이오프 포투 웍스.

왓 유해브 인유얼핸드 아 메읻 옵마이라이프.

김영신 씨는 스위스 제네바에서 영어 원고의 발음을 큼지막한 한글로 적은 종이를 손에서 놓지 않았다.

김영신 씨가 메탄올 중독 실명 사건을 알리고, 한국 정부와 삼성 · LG전자에 책임을 묻는 발언을 하고 있다.

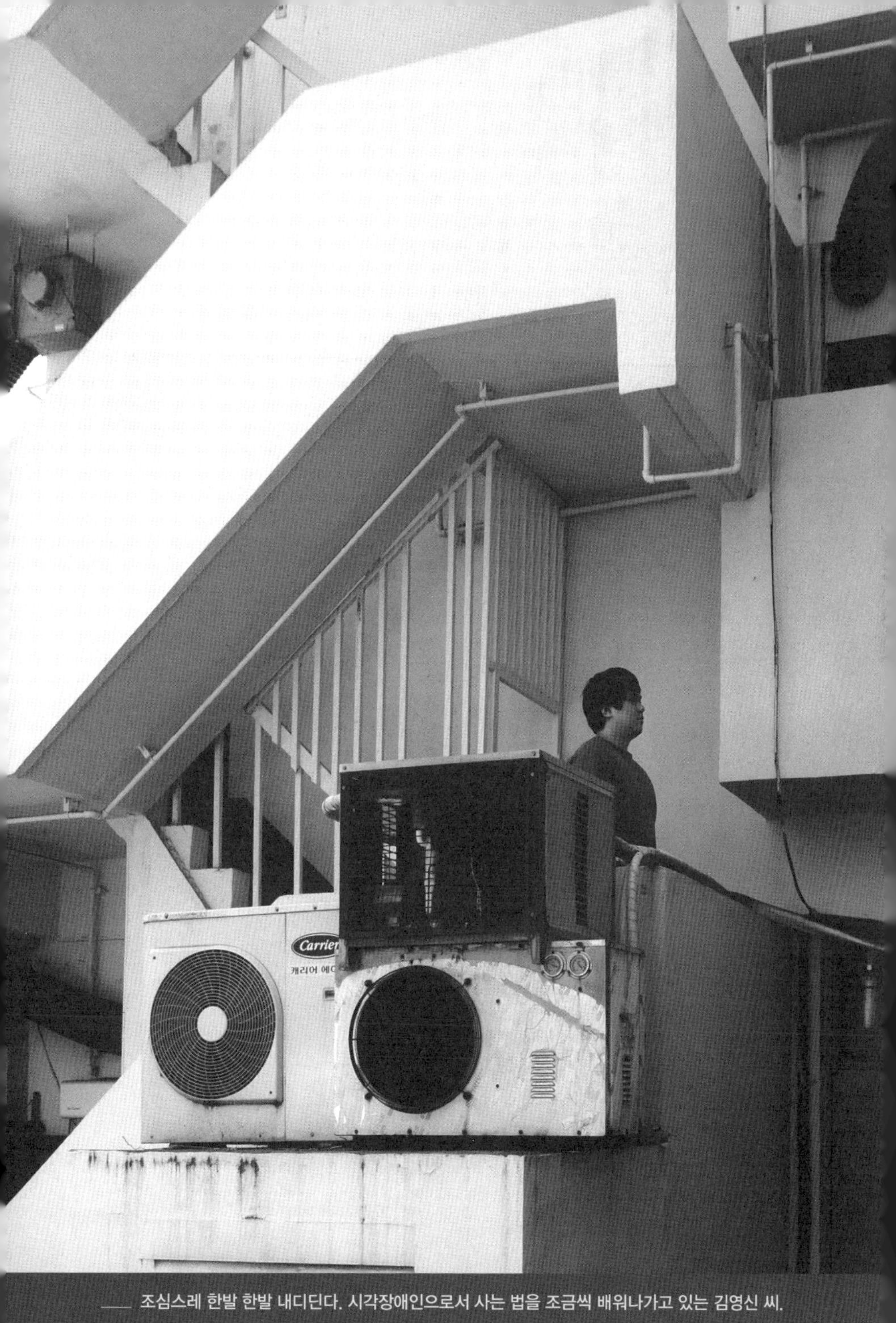

조심스레 한발 한발 내디딘다. 시각장애인으로서 사는 법을 조금씩 배워나가고 있는 김영신 씨.

끝나지 않은 이야기

4부
2017년 가을과
2018년
겨울

메탄올 중독 실명 사건 이후에도 위험의 외주화에 따라 파견노동자가 위험에 내몰리는 현실은 여전했다.

17

또 다른 진실이 드러나다

2017년 8월 25일 서울 서초동으로 향했다. 서울중앙지방법원에서 우리나라 최고의 경제 권력인 이재용 삼성전자 부회장의 뇌물공여 사건 1심 선고공판이 있는 날이었다. 법원 앞에 가니 친박 단체 회원들이 모여 "박근혜, 이재용 무죄"를 외치고 있었다. 가방에 세월호 추모 노란 리본을 달고 있었는데, 취재하다가 친박 단체 회원의 항의를 받고 쫓겨나기도 했다. 이런 아수라장에서 박혜영 활동가가 메시지를 보내왔다.

경기도 안성시에 있는 소화기 제조업체에서 일하다 숨진 파견노동자의 장례식장에 간다고 했다. 스물세 살의 젊은 파견노동자는 며칠 전 소화기에 들어가는 소화 약제에 노출됐다. 급성 독성

2016년 6명의 파견노동자가 메탄올 중독으로 시력을 잃은 사실이 세상에 알려질 때까지, 정부는 없었다.

간염이 발생했고, 그는 치료를 받다가 24일 숨을 거두었다. 고용노동부는 같은 날 이 사실을 발표했다. 사업주의 산업안전보건법 위반과 불법 파견을 확인하고 조사 중이라고 밝혔다.

나는 이재용 부회장 선고공판을 취재한 뒤 따라가기로 했다. 몇 시간 뒤, 먼저 장례식장을 찾은 박활동가한테 연락이 왔다. 고인의 부모님이 도움이나 취재를 원하지 않아서 장례식장을 빠져나왔다고 했다.

메탄올 중독 실명 사건 이후에도 위험의 외주화에 따라 파견노동자가 위험에 내몰리는 현실은 여전했다. 고용노동부나 관계 기관은 파견노동자의 안전을 위해 많은 노력을 했을 것이다. 다시는 파견노동자들이 죽거나 크게 다치는 일이 없기를 내심 바랐다. 하지만 젊은 파견노동자가 또 목숨을 잃은 것이다. 박활동가도 그렇고, 나도 그가 왜 죽을 수밖에 없었는지 우리 사회에 알리고 싶었다. 하지만 그런 기회는 주어지지 않았다.

· · ·

피해자들의 손해배상 청구소송을 돕고 있는 민변 변호사들은 근로복지공단과 고용노동부에서 보내온 자료를 뒤적거리다가 깜짝 놀랐다. 파견노동자로 스마트폰 부품을 씻는 작업을 하다가 메탄올 중독으로 실명한 피해자를 새롭게 발견한 것이다. 그가 쓰러진 것은 2014년 3월로, 6명의 메탄올 중독 실명 사건 피해자 가운데 가장 먼저 시력을 잃은 김영신 씨보다 11개월 빠른 시점이었다.

그때 고용노동부가 이 사건을 조사하고 재발 방지 대책을 마련했다면, 2015~2016년 청년 6명의 시력을 앗아간 메탄올 중독 실명 사건은 발생하지 않았을 것이다. 또 하나의 진실은 분명 메탄올 중독으로 실명한 피해자가 또 있을 수 있다는 것이다.

민변에서 자료를 받아 내용을 살폈고, 한정애 의원실을 통해 추가 자료를 모았다. 사건의 개요는 이렇다.

중국 동포 남 모 씨는 3월 3일 케이오시스템이라는 파견업체를 통해 경기도 안산시 반월공단에 있는 N사에서 일했다. 이 회사는 메탄올을 사용해 스마트폰 부품을 씻는 곳이었다. 나흘 동안 일하면서 어지럼증과 메스꺼움, 구토, 호흡 곤란 증상을 느꼈다. 결국 3월 7일에는 시력 저하 현상까지 나타나 고려대 안산병원 응급실로 옮겨졌고, 8일에는 수원 아주대병원 중환자실로 옮겨졌다. 남씨의 눈은 '양안 광각무', 즉 양쪽 눈이 어떠한 빛도 느끼지 못하는 완전 실명 상태였다.

당시 남씨의 사연은 언론에 보도되지 않았다. 관할인 중부지방고용노동청 안산지청의 조사나 수사도 없었다. 2016년 메탄올 중독 실명 사건을 수사한 인천지방검찰청 부천지청 한상훈 검사는 이 내용을 확인했다. 한상훈 검사의 수사 지휘에 따라 중부지방고용노동청 부천지청은 안산지청에 이 실명 사건을 조사하거나 수사하지도 않은 이유와 현재 수사 진행 상황을 물었다.

안산지청은 남씨의 실명이 근로감독관 집무 규정에 따른 정기 · 수시 · 특별 감독 대상에 해당하지 않는다고 답했다. 또한 2014년 일반재해 조사대상 선정 기준에도 미치지 못한다고 밝혔다.

근로감독관 집무 규정을 뜯어보면, 유해 화학물질 누출 등으로 급박한 안전 · 보건상의 위험이 있는 사업장은 수시 감독 대상이다. 또 안전 · 보건 관리가 매우 불량하거나, 사회적 물의를 일으켰거나 일으킬 우려가 있는 사업장은 특별 감독 대상이다.

실명 사고가 일반재해 조사대상에 포함되지 않았다는 안산지청의 해명 역시 이해하기 힘들다. 일반재해 조사대상을 선정하는 기준은 다섯 가지로, 첫째 팔목과 발목 이상 절단된 경우, 둘째 다발성 분쇄 골절, 요추 골절 재해, 셋째 화상의 깊이가 3도이고 넓이가 체표면의 10퍼센트 이상인 재해, 넷째 4주 이상 의식 불명이거나 사망 가능성이 높은 것으로 판단되는 재해, 다섯째 지청장이 조사가 필요하다고 판단한 재해다.

한정애 의원은 분통을 터트렸다.

"팔목 절단 사고는 조상 대상에 포함하면서 두 눈을 실명한 사건을 조사하지 않은 것은 이해하기 어렵습니다. 당시 고용노동부가 제대로 조사·수사하고 메탄올 취급 사업장을 전수조사해 예방 대책을 내놓았다면, 그 후 사고를 예방할 수 있었을 것입니다."

남씨가 쓰러진 후, 사고가 난 사업장을 담당하는 안산지청은 별다른 조사나 수사를 벌이지 않았다.

이 때문에 남씨가 시력을 잃은 과정에서 산업안전보건법을 위반한 사례가 있었는지 현재로서는 확인할 수 없다. 다만 제조업 파견이기 때문에 불법 파견일 가능성이 크다. 안산지청은 2년 뒤인 2016년 4월 메탄올을 취급하는 사업장을 일제 점검하면서 N사를 찾았다. 이곳에서 2013년 11월~2014년 5월 메탄올이 사용됐다는 사실만 확인했다. 안산지청은 황산을 취급하는 노동자에게 특수 건강진단을 실시하지 않은 것에 대해 시정 명령을 내리고 과태료 65만 원을 처분한 뒤 점검을 마무리했다.

남씨와 그를 도운 노무법인의 연락처를 수소문했다. 남씨의 휴대전화로 전화를 했지만, 연락이 닿지 않았다. 노무법인에도 전화했지만, 없는 번호라고 나왔다.

파견업체 케이오시스템은 연락이 닿지 않았다. 폐업한 듯 보였다. 지도로 살펴보니, 케이오시스템이 있던 자리에는 이름이 다른 파견업체가 있었다. 대표 이름은 선 모 씨. 케이오시스템 대표와 이름이 같다. 사무실 번호로 전화를 했지만 받지 않았다.

마지막으로 N사에 연락했다. 전화를 했더니 누군가 받았다. 내 소개를 하고 대표님과 연락하고 싶다고 하니, 그는 경계하는 목소리로 이유를 물었다.

"몇 년 전에 있었던 실명 사건에 대해 몇 가지 여쭤보려고 전화했습니다."

"그걸 왜 이제 와서…."

"이제 와서 살펴볼 필요성이 있어서 전화한 겁니다."

"사장님은 상주하지 않아서 만나기 힘들어요."

"연락할 방법이 있을까요?"

"그때 다 그렇게 마무리돼서 끝난 걸로 알고 있거든요. 지금 할 말은 없고요. 일단 사장님과 연락이 안 됩니다."

"책임자라도 만날 수 있을까요?"

"다 베트남 가서 언제 돌아올지 모르겠어요."

"작업환경은 많이 바뀌었나요?"

"많이 좋아졌죠."

"남씨라는 분, 두 눈이 모두 실명됐잖아요."

"이만 끊겠습니다."

"몇 가지만 여쭤보…."

뚜뚜….

18

그는 아무 말도 못 했다

2017년 11월 23일 오후 서울중앙지방법원 562호 법정 문을 열었다. 곧 이현순, 방동근, 이진희 씨의 손해배상 청구소송 5번째 재판이 진행될 예정이었다. 특히 이날은 BK테크 대표 안씨 신문이 잡혔다. 그가 어떤 말을 하는지 꼭 듣고 싶었다.

앞서 안씨는 형사재판에서 메탄올이 위험한지 몰랐다고 발뺌했고, 그 결과 징역 1년 6월, 집행유예 3년을 선고받아 실형을 면할 수 있었다. 하지만 이런 결과는 판사의 잘못된 판단에 따른 것이다. 안씨는 메탄올이 위험하다는 것을 충분히 알고 있었다. 2016년 2월 17일 이진희 씨가 BK테크에서 일하다 시력을 잃기 전, 같은 달 3일과 15일 두 차례나 중부지방고용노동청 근로감독관들과 한국산업보건연구원 연구원들이 BK테크를 찾아가 안씨에게 메탄올의 위험성을 알렸다. 안씨는 메탄올을 쓰지 않고 있다고 거짓 답변을 했다. 판사는 재판 자료를 제대로 검토하지 않은 것일까.

이를 바로잡을 기회는 있었다. 하지만 검찰은 항소심 재판부의 판단을 구할 생각을 하지 않았다. 항소를 포기한 것이다. 당시 인천지방검찰청 공안부장검사는 집행유예를 받았더라도 검찰 구형량 3년의 절반인 징역 1년 6월이 선고됐기 때문에, 자체 규정에 따라 항소를 포기했다고 알려왔다. 검찰이 이 사건에 조금만 더 신경을 썼더라면 하는 아쉬움이 남는다.

결국 형사재판 판결문은 안씨에게 면죄부를 줬다. 손해배상 청구소송에서라도 안씨의 잘못이 제대로 드러난다면, 법은 조금이라도 피해자들을 위로할 수 있지 않을까. 이런저런 생각에 법정에 앉은 내 마음은 무거웠다.

원고와 피고 쪽 변호인들과 안씨가 법정에 모습을 드러내자, 바로 재판이 시작됐다. 피해자를 대리하는 김종보 민변 변호사가 안씨에게 차근차근 질문을 던졌다. 우선 2월 3일 근로감독관들이 BK테크를 찾은 상황을 물었다.

피고는 근로감독관들에게 지난해 말부터 메틸알코올을 에틸알코올로 교체하고, 앞으로 사용하지 않을 계획이라고 허위로 진술했습니다. 맞습니까?

"허위는 아니고요. 메틸알코올을 갖고 있었습니다…."

메탄올을 사용하지 않을 계획이었어요?

"네."

제 질문은 메탄올을 쓴 적이 없냐는 거예요.

"공장을 이전하면서 에탄올을 구입했고, 메탄올 찌꺼기, 아니, 남은 잔량 있지 않습니까. 버릴 때가 없어서 일부를 가져왔습니다."

썼나요, 안 썼나요?

"썼습니다."

썼어요? 근로감독관한테는 안 쓴다고 했는데, 쓴 거네요.

"잔량을 쓴 것 같습니다."

김종보 변호사는 2월 15일 한국산업보건연구원 연구원들이 BK테크를 찾은 날의 상황도 물었다.

연구원들이 '메탄올을 안 쓰죠?'라고 물어봤죠? 피고가 안 쓴다고 한 거죠?

"네."

잔량이 남았는데, 그것만 쓰고 안 쓰겠다고 한 겁니까?

"아닙니다."

그럼 뭔가요?

"잔량이 남았는데, 납기일도 있고 해서 쓴 것 같습니다."

2월 17일 이진희 씨가 쓰러진 건, 버리지 않은 메탄올 잔량 때문인 거네요. 맞습니까?

"네…."

김종보 변호사의 신문이 끝난 뒤, 안씨를 대리하는 정 모 변호사가 나섰다. 그는 안씨에게 유리한 사실을 이끌어내기 위해 질문을 던졌다. 안씨는 '네'만 반복했다.

메탄올 중독이 문제가 돼서 동종 업체들이 모두 다 메탄올에서 에탄올로 바꾸게 되자 에탄올의 품귀 현상이 심했죠?

"네."

그래서 에탄올을 적어도 5일이나 그 이후에 공급받을 수밖에 없어서 납기일 관계 때문에, 남은 메탄올 잔량을 사용한 거죠?

"네."

당시 피고가 근로자들에게 메탄올을 사용하도록 한 것은 그 당시까지는 전정훈 씨의 메탄올 중독 사고를 몰랐고, 그동안 큰 문제가 없어서 일시적으로 소량을 사용해도 별문제 없을 거라는 안이한 생각 때문이었죠?

"네."

피고가 근로자들에게 메탄올을 사용하도록 할 당시, 메탄올 급성 노출 중독을 몰랐죠?

"네."

메탄올을 옥상에 보관한 것은 당시에는 메탄올을 사용할 생각이 없었기 때문이었지, 일부러 숨기기 위한 게 아니었죠?

"네."

2월 15일 연구원이 BK테크를 방문했을 당시 피고에게 메탄올이 위험하니 에탄올을 사용해야 한다는 등의 대략적인 얘기를 한 사실이 있지만, 급성 중독에 대

한 구체적 얘기나 메탄올로 인해 시력 장해가 있을 수 있다는 얘기를 한 사실은 없었죠?

"네."

피해자 이진희가 메탄올 급성 노출로 실명됐는데, 만약 행정기관 관리 감독자가 메탄올 급성 노출로 인한 실명 위험성을 제대로 알려줬다면 피고는 즉시 메탄올 사용을 중단했을 거죠?

"네."

질문과 답변을 이해할 수 없었다. 메탄올의 위험성을 듣기는 했는데, 실명을 일으킬 위험이 있다는 것은 잘 몰랐다는 투였다. 아무리 책임 회피를 위한 것이라지만, 이렇게 상식에 어긋나는 질문과 답변을 해도 될까. 김종보 변호사가 재차 신문에 나섰다. 그는 단도직입적으로 물었다.

메탄올의 위험성을 2월 3일과 15일에도 알았는데, 17일 이진희 씨가 실명됐잖아요, 도대체 왜 쓴 겁니까?

"…."

안씨는 고개를 푹 숙였다. 입을 열지 않았다. 죄책감을 느낀 것일까.

아까워서 쓴 거예요?

민변 변호사들이 2017년 5월 18일 서울중앙지방법원에서 열린 메탄올 피해자들의 손해배상 청구소송 첫 재판을 끝낸 후 걸어가고 있다. 왼쪽부터 오민애, 안현지, 전민경, 류하경, 김종보, 이지영 변호사.

"… ."

김종보 변호사가 재차 물었다. 안씨는 끝내 입을 열지 않았다. 김변호사는 또 다른 피해자 전정훈 씨에 대해서도 물었다.

전정훈 씨가 2016년 1월 16일 갑자기 출근을 안 했는데요. 왜 안 나오는지 궁금하지 않았어요?

"… ."

2015년 9월 11부터 5개월 가까이 근무했던 분인데요.

"파견업체가…. 저는 이사하는 도중이라 정신이 없어서…."

"마무리하죠." 듣고 있던 재판장이 말을 끊었다. 정훈씨 역시 안씨를 상대로 손해배상 청구소송을 냈지만, 본격적인 재판은 진행되지 않은 상황이었다. 재판장은 바로 안씨 신문을 마무리했다.

그러면서 향후 재판 진행 일정을 두고 논의할 게 있다고 했다. 2018년 2월에 인사이동으로 재판부가 바뀌니 새로운 재판부가 오면 그때 재판을 이어서 하자고 말했다. 김종보 변호사가 재판 결과를 기다리는 피해자를 거론하며 재판부가 바뀌기 전 선고를 내려달라고 요청했다. 하지만 재판장은 난색을 보였다.

"이 사건에 사회적 이목이 집중돼 있고 국가의 책임을 인정할 수 있는지의 문제도 선례가 될 것 같은데요. 새로운 재판부에서 충분히 심리하는 게 어떨까 싶습니다. 다음 재판은 2018년 3월 8일에 하죠."

그렇게 재판이 끝났다. 재판이 언제 마무리될지 알 수 없다. 피해자들이 지난 2016년 4월 소송을 제기한 것을 감안하면, 2년이 넘도록 결과가 나오지 않는 것이다.

19

눈물의 기자회견

11월 29일 남씨의 사연을 기사로 썼다. 전수경 활동가가 피해자와 가족들에게 기사 내용을 전했다. 몸과 마음이 지쳐 재충전이 필요한 박혜영 활동가는 일을 할 수 없는 상황이었다.

"정말이요? 확실한 거예요?"

다들 믿지 못했다. 산재보험이 적용됐다는 얘기를 듣고 나서야 또 다른 메탄올 중독 실명 피해자가 있다는 사실을 믿었다. 전수경 활동가는 남씨의 실명 사건 이후 제대로 된 대책을 세우지 못해 실명 사건을 막지 못한 책임을 정부에 묻는 기자회견을 조심스레 제안했다. 아무도 반대하지 않았다. 기자회견 주제를 박근혜 정부 당시 방하남 · 이기권 고용노동부 장관, 이덕희 중부지방고용노동청

—— 2017년 12월 5일 오전 피해자 이현순, 김영신, 방동근 씨가 국회 정론관에서 한정애 더불어민주당 의원과 함께 기자회견을 열었다. 이현순 씨가 진상 규명을 촉구하던 중 억울함에 북받쳐 눈물을 흘리고 있다.

안산지청장을 직무유기로 검찰에 고발하는 것으로 정했다.

기자회견은 12월 5일 오전 10시로 잡혔다. 그날 피해자와 가족들은 오전 9시 30분 국회 정문 앞에서 모이기로 했다.

나도 시간 맞춰 나갔다. 진희씨 아버지가 현순씨를 꼭 껴안고 있었다. 현순씨가 딸 같은가 보다. 두 사람이 기자회견 발언자로 나서기로 했다. 30분 뒤 피해자와 가족들이 국회 정론관에 섰다. 현순씨가 처음에 당차게 발언을 시작했다. 곧 그녀의 목소리는 흐느낌으로 바뀌었다.

"대한민국 국가는 사고가 나면 왜 쉬쉬하는지 모르겠습니다. 정말 화가 나요. 우리 피해자들, 화가 나는 게 뭐냐면, 후, 아, 죄송합니다….”

현순씨는 두 손으로 눈물을 계속 닦았지만, 눈물을 멈출 수 없었다. 그녀는 곧 마음을 추스르고 발언을 이어나갔다.

“피해자들은 가족과 같이 살고 있는데요. 가족 얼굴 못 보고 사는 게 너무 힘들어요. 흑흑…. 가족 얼굴을 제대로 보고 싶어요. 흑흑….”

주변에서 흐느끼는 현순씨에게 발언을 그만해도 된다는 신호를 보냈지만, 현순씨는 “더 할게요” 하면서 말을 이었다.

“2014년 사고가 발생했을 때 정확한 진상 규명이 있었으면 이렇게 되지는 않았을 거라 생각해요. 그리고 제대로 된…, 죄송해요, 못 하겠어요.”

결국 현순씨는 발언을 포기했다. 주변의 도움으로 정론관 바깥으로 나간 뒤 엉엉 울었다. 정론관에서 울음소리가 들릴 정도였다.

진희씨 아버지도 마이크를 잡았다. 품에서 종이 한 장을 꺼냈다. 천천히 읽어내려갔다.

“저희 딸 진희는 시각장애 1급, 뇌병변 4급 정신장애로 재활 치료를 받고 있습니다. 이뿐만 아니라 추가로 발병한 자궁내막 증식증과 자궁 및 질 출혈로 여자 생식 나이 42살이라고 합니다. 곧 폐경이라고 합니다. 이제 겨우 30살인데 말입니다.”

목소리는 떨렸다. 그는 곧 목소리를 가다듬고 말을 이었다.

“지난 10월에 MRI 검사를 했는데, 주치의 선생님이 뇌가 더 작

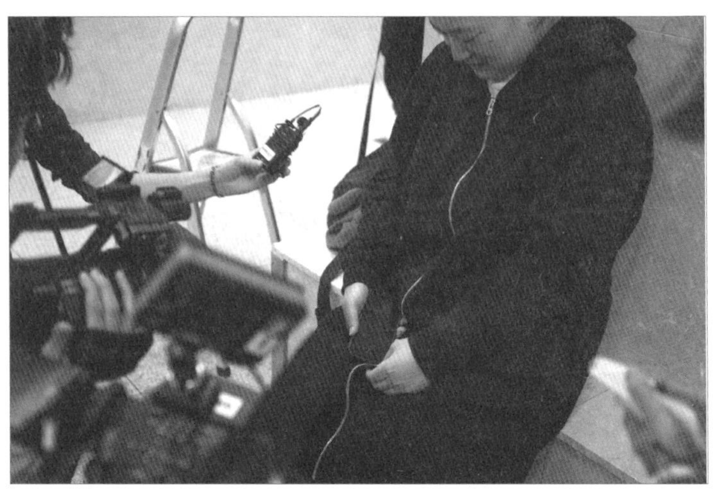

국회 기자회견 도중 밖으로 나와 복받친 감정을 추스르는 이현순 씨.

아졌다고 했습니다. 나아지는 게 아니라 나빠지는 상황이라 걱정하고 있는데, 근로복지공단에서 간병비에 대한 등급이 1등급에서 2등급으로 하향 결정되었다고 통보해왔습니다. 억울하면 재심 청구를 하라고 합니다. 누구를 위한 근로복지공단입니까? 산재 환자를 위한 근로복지공단이 맞습니까? 환자는 물론이고 지켜보는 부모 마음은 어떻겠습니까? 고통 속에서 눈물로 하루하루 힘들게 버티고 있습니다."

이날 국회는 예산안 처리 문제로 바빴고 기자들의 신경이 그쪽에 가 있었다. 정론관에 기자들은 많지 않았고, 그마저도 기자회견에 관심을 보인 기자는 몇 명 되지 않았다.

피해자와 가족들은 정론관을 나와 국회 식당으로 향했다. 서로의 안부를 물었다. 동근씨는 부천 해밀도서관에 점자를 배우러 가는 날인데, 가지 못했다고 아쉬워했다. 지난 3월에 동근씨를 만났을 때, 그는 내게 세상에 나갈 준비를 하겠다고 말했다. 동근씨는 약속을 지켰다.

• • •

노동건강연대는 피해자들의 재활을 어떻게 도울 수 있을지 고민했다. 피해자들 모두 산재보험 급여를 받고 있기 때문에, 근로복지공단의 재활 서비스를 활용할 수 있을 것으로 기대했다. 공단은 직업 복귀와 재활을 홍보하는 내용의 광고를 내보내고 있었다. 노동건강연대가 공단 쪽에 재활 서비스를 문의하자, 곧 공단으로부터 답변을 받았다.

'우리 공단은 산재 보상을 담당하고 있다 보니 제공할 수 있는 것이 많지 않는 것 같습니다.'

함께 온 1장짜리 자료에 소개된 공단 제공 가능 서비스에는 10만 원짜리 저시력 보조안경과 1만 4000원짜리 흰 지팡이를 구입할 경우 비용을 지급할 수 있다는 내용만 담겼다. 여기에 덧붙여 인천 · 부천의 시각장애인 복지관 연락처가 있었다.

기대가 컸던 만큼 실망도 컸다. 노동건강연대는 자체적으로 피해자들을 돕기로 했다. 동근씨와 영신씨에게는 점자를 배울 도서관을 알아봐줬고, 현순씨에게는 심리 치료 상담을 주선했다. 또한 스토리펀딩 후원금으로 아이폰을 마련해 피해자들에게 전달했다. 여기에는 시각장애인용 앱이 깔렸다. 세상과 소통하는 데 큰 도움이 될 것이다.

피해자와 가족들은 지난 2년 동안 큰일을 겪으면서 가족처럼 끈끈해졌다. 2018년을 닷새 앞둔 12월 27일 점심때 부천역 앞 중국집에서 현순 · 동근 · 영신씨와 노동건강연대 활동가들이 송년회라는 이름으로 뭉쳤다. 정훈씨는 다른 일정이 있었고, 진희 · 호남씨는 아직 움직일 수 있는 상태가 아니었다.

나도 뒤늦게 이곳을 찾았다. 피해자 가족 가운데는 유일하게 동근씨 어머니가 나왔다. 이 식당은 동근씨네 단골집으로, 중국 동포가 운영하는 진짜 중국집이었다. 마라탕, 꿔바로우, 수주육편, 지삼선, 고추건두부볶음, 경장육슬이 연이어 나왔다.

"맛있어요? 많이 먹어요."

동근씨 어머니가 혹시 중국 음식이 입맛에 맞지 않을까 걱정하며 물었다.

"엄청 맛있어요."

이런 맛나고 기름진 음식에 맥주가 빠질 수 없었다. 동근씨가 술잔을 들면서 어머니에게 왜 맥주를 안 따라주냐고 웃으며 타박했다. 잔만 들어도 맥주가 비었는지 차 있는지 알 수 있는 능력이 생긴 거였다. 곧 음식 얘기로 옮겨갔다. 동근씨 어머니가 말했다.

"아들이 제 음식을 보고 많이 늘었다고 해요. 하하. 아들에게 구박받고 이렇게 살아야 해요. 하하."

전수경 활동가가 말을 받았다.

"어머니, 힘드시겠어요."

"그렇죠."

어머니의 말에 다들 폭소를 터트렸다.

동근씨는 부쩍 친한 사이가 된 영신씨와도, 옛 직장 동료인 현순씨와도 유쾌하게 말을 주고받았다. 송년회는 웃음으로 가득했다. 동근씨를 처음 봤을 때 그는 무뚝뚝했다. 동근씨 어머니가 아들을 두고 "농담도 잘하고 정말 재밌었는데…"라고 했지만, 내가 만난 동근씨는 그렇지 않았다.

아마도 실명의 충격 때문이리라. 이번 송년회 때 동근씨는 갖가지 농담으로 웃음바다를 만들었다. 동근씨는 이제야 원래의 삶으로 조금은 돌아온 것으로 보였다.

우리는 이 자리에서 겨울 여행을 약속했다. 다들 실행력이 화끈했다. 2주 뒤인 1월 11일 우리는 강릉행 KTX에 올랐다.

| 책을 마치며 |

1월 11일 저녁 KTX가 강릉역에 스르륵 멈춰 섰다. 강릉은 서울보다 따뜻했지만 그래도 겨울바람은 매서웠다. 우리는 택시 두 대에 네댓 명씩 나눠 탔다. 택시기사는 내비게이션 작동법에 서투른지, 조수석에 앉은 김영신 씨에게 목적지를 입력해달라고 했다.

"저는 앞이 안 보이는데요."

택시 안에는 침묵이 흘렀다.

순긋 해변에 있는 숙소에 도착하니, 이곳에 머무르고 있는 박혜영 활동가가 우리를 맞았다.

상 가득 홍게, 회, 치킨, 골뱅이가 올라왔다. 완벽한 저녁을 준비했다는 박활동가의 말은 허언이 아니었다. 여기에 술이 빠질 수 없다. 우리는 와인, 맥주, 소주를 주거니 받거니 하며 밤을 보냈다. 이현순, 김영신 씨는 밤늦게까지 술자리를 지켰다. 감기에 걸린 방동근 씨는 간단한 저녁을 먹고 방에서 쉬었다. 이튿날 우린 해변을 걸으면서 겨울 바다와 마주했다.

이번 여행에 나머지 3명의 피해자인 전정훈, 양호남, 이진희 씨는 함께하지 못했다. 정훈씨는 할머니가 있는 전북 진안에서 지내고 있다. 누군가의 도움 없이 진안에서 강릉으로 올 수 없어 이번 여행을 포기했다. 진희씨는 강릉에 오고 싶어 했지만, 가족들의 걱정에 뜻을 접었다.

숙소에서 차를 마시다가, 김성희 작가가 진희씨 얘기를 꺼냈다. 메탄올 중독 실명 사건을 만화로 그리고 있는 김작가는 지난 연말 병원에서 진희씨와 하룻밤을 보냈다.

김작가는 진희씨가 아이폰에 푹 빠졌다고 했다.

"진희씨는 하루 종일 영화와 소설을 보고 있어요."

"네? 안 보이는데 어떻게 소설을 읽을 수 있죠?"

"시각장애인용 책이 있어요."

"아, 듣는다는 거군요."

"카톡도 주고받을 수 있어요. 병원 간호사나 재활하는 친구들과 자주 연락해요."

"네?"

놀람의 연속이다. 음성 지원 기능을 활용한단다.

"요새 사진 앱에 관심이 많은 것 같더라고요."

이번에는 반문조차 하지 못할 정도로 놀랐다. 김작가는 내게 진희씨 셀카라며 스마트폰을 내밀었다.

"우와."

나를 비롯해 주변에 있던 사람들이 모두 탄성을 내질렀다. 시력을 잃은 사람이 찍은 셀카라고는 믿어지지 않았다. 사진 속 진희씨의 위치도, 고개 각도도 완벽했다. 한 치의 흐트러짐도 없었다.

그러고 보니 진희씨를 비롯해 피해자들은 아직 20대, 30대 청춘이다. 시력을 잃은 지 2~3년, 다들 그렇게 청춘의 일상으로 돌아오고 있나 보다.

그동안 그들에겐 참 많은 일이 있었다. 그들의 삶은 참 특별했다. 많은 사람들이 그들의 이야기에 용기를 얻거나 사회를 바꿔나갈 힘을 얻었으면 좋겠다. 이 책이 그런 일에 조금이라도 기여한다면 더 바랄 게 없을 것이다.

—— 2018년 1월 12일 강릉 순긋 해변에 있는 숙소 앞에서 단체 사진을 찍었다. 시력을 잃은 지 2~3년, 다들 조금씩 일상으로 돌아오고 있다.

| 발문 |

기록에 없는 또 다른 피해자가 있을 것이다

박혜영_노동건강연대 활동가

당사자들이 불쌍하게 여겨지는 게 싫었다. 사건이 알려지고 노동건강연대로 연락하는 언론의 대부분 최대한 아프고 최대한 안 좋게 사건을 포장하려고 했다. 심지어 어떤 프로그램은 왜 모금을 해준다는데도 싫다고 하냐며 비아냥거렸다. 버럭 화를 내고 끊었다. 그때마다 그들을 중재하고 설득하는 역할을 하던 나는 주눅 들었다. 성실하게 사건을 분석하고 기사를 작성하는 기자들이 훨씬 많았지만, 그래도 당사자들에게 죄를 짓는 것 같았다. 갑자기 앞이 안 보이고 뇌에도 이상이 생긴 청년들은 각자 삶을 받아들이기 위해 고군분투 중이었다. 앞으로 살아갈 날을 상상하고, 심리적 안정도 취하고, 치료도 계속 받아야 했다. 그들에게 계속 슬픔을 강요할 수는 없지 않은가. 사건이 많이 알려지고 사회적 관심을 받고 재발 방지 대책과 보상이 이루어지면 좋겠지만, 이들의 삶을 모두 드러내야 하는 시간이었다.

그래서 최대한 천천히 그들과 친해지면서, 어떻게 바뀔 수 있는지 최대한 이야기했다. 1년이 지나서야 나도 당사자들에게 말할 용기를 냈고, 선대식 기자와 함께 스토리펀딩을 시작했다.

가끔 그들을 처음 만나기 시작한 2016년 2월을 생각하면 늘 어리둥절하다. 현실적이지 않다. 피해 범위를 가늠할 수도 없었지만 내가 알던 세상이 어디까지였기에, 이 나라 시스템이 어떻게 돌아가기에 이 정도일까 싶었다.

내가 일하는 노동건강연대는 하청·파견·청년 노동자들의 죽음과 사고를 막기 위한 다양한 활동을 하지만, 이 사건은 다가오는 무게감이 달랐다. 사무실도 초긴장 상태가 되었다. 회원들이 많은 관심을 가졌고, 각자 할 일을 찾아 이 사건을 분석하고, 피해 당사자들을 만나고, 기록하는 일들을 나눠 맡았다. 그렇게 사건의 백서를 만들고, 스토리펀딩을 진행하고, 청년들을 위한 소책자도 만들어 배포하고, 다큐멘터리를 제작하고, 영문 책자까지 준비해 외국에 배포하고, 스위스에 있는 유엔에도 다녀오고, 형사·민사 사건이 어떻게 되어가는지 살폈다.

지금은 피해 당사자들을 둘러싼 사회보장제도를 다시 살펴보면서 재활을 어떻게 잘할 수 있을지를 연구한다. 개인적으로 안타까운 건, 최저임금을 받던 이들은 산재보험의 보상도 최저 수준으로 받는다는 사실. 다치기 전 임금 수준에 따라 결정되는 연금은 참으로 난감하다.

사건 초창기에 전국의 공단 지역으로 전화를 수십 통 돌렸다. 피해 범위를 알 수 없어 불안했다. 성남의 공단 지역에서 비슷한 일을 하던 20대 청년들은 "뭐, 안전해요"라는 대답을 많이 했고(공장에서 뭘 쓰는지도 모른 채), 대다수 공단 지역의 아는 사람들은 파견노동자에 대해 잘 몰랐다. 피해 당사자들은 모두 파견노동자였고, 최저임금을 받으며 장시간 노동을 했다. 심지어 정훈씨의 경우 4대 보험 따위에 가입된 적이 없어 10년간 파견노동자로 일하면서도 일한 흔적이 정부 기록에는 없다. 다행히(?) 인천 지역에서는 제조업 불법 파견을 대상으로 싸우는 노동조합과 사회단체가 있어, 그나마 파견 실태를 살피고 알리는 활동을 할 수 있었다.

안산역 근처에 4년 정도 산 적이 있는데, 새벽 출근 시간에 나가면 수십, 수백 대의 통근버스를 볼 수 있었다. 대부분 파견노동자들이었다. 그 사람들은 회사에서 내일 나오지 말라 하면 잘리고, 오늘부터 당장 나오세요 하면 나가야 하는, 그러나 어디에도 기록이 남지 않는 이들이다. 나는 늘 궁금했다. 저기 보이는 저들이, 정부의 눈에는 어떻게 보일까? 보이기는 할까? 서울 언저리에 살면서 언론으로 접하는 세상은 참, 작다. 마치 그게 세상에서 가장 중요하거나 힘든 문제인 듯 다뤄진다. 그래서 여전히 불안하다. 기록에 없는 또 다른 피해자가 여전히 있을 것이다.(실제 얼마 전 또 한 명의 피해자가 있었다는 사실을 알게 되었다.) 실명한 채로 1년 넘게 영문을 몰랐던 영신씨처럼.

시시각각 새로 일어나는 일을 따라다니느라 기록에 소홀했었다. 아쉬움이 많았는데, 그 기록을 선대식 기자가 정성스레 해주었다. 이 책이 더 넓은 세상으로 나아가, 좀 더 많은 사람들이 일의 위험에서 벗어나는 작은 걸음이 되어주리라 믿는다. 그리고 이 사건을 열심히 알리고 부딪친 노동건강연대가 흥하길 바란다. 홧!

실명의 이유:

휴대폰 만들다 눈먼 청년들 이야기

발행일 초판 1쇄 2018년 2월 12일

지은이 선대식
펴낸이 임후성
펴낸곳 북콤마
편집 김삼수
디자인 Miso
본문 사진 민석기

펴낸 곳 북콤마
등록 제406-2012-000090호
주소 (413-756) 경기도 파주시 문발동 파주출판단지 534-2 201호
전화 031-955-1650 **팩스** 0505-300-2750
이메일 bookcomma@naver.com **페이스북** facebook.com/bookcomma
블로그 bookcomma.tistory.com **트위터** @bookcomma

ISBN 979-11-87572-06-0 (03300)

, BOOKcomma